KB070781

교사,
수업하며
책을 쓰다

교사,
수업하며
글을 쓰다

1판 1쇄 발행 2022년 10월 28일

저자 이호창

편집 문서아
마케팅 박가영 **총괄** 신선미

펴낸곳 (주)하움출판사 **펴낸이** 문현광

이메일 haum1000@naver.com **홈페이지** haum.kr
블로그 blog.naver.com/haum1000 **인스타그램** @haum1007

ISBN 979-11-6440-233-5 (03370)

좋은 책을 만들겠습니다.
하움출판사는 독자 여러분의 의견에 항상 귀 기울이고 있습니다.
파본은 구입처에서 교환해 드립니다.

교사,

수업하며

책을 쓰다

목차

제4장

교사, 책 쓰기를 위한 6가지 조언

제5장

이제는 출간이다

쓰고자 하는 이들을 위하여

내 이름이 적힌 책을 낸다는 것은 누구나 자신의 버킷리스트에 한 줄 추가해봄 직한 일이다. 나 역시 신규 교사 시절부터 일상의 이야기를 적은 나만의 책을 만들고 싶었다. 당시에는 출판사를 통해 출간하는 일은 생각지도 못했고 제본 업체를 통하여 책으로 묶겠다고 생각했다. 그러나 하나의 소망 정도로 그치고 실제로 글을 쓰지는 못했다.

그 시절에는 몇몇 유명한 선생님들의 책을 보며, '교사가 책을 쓸 수도 있구나' 정도로만 생각했다. '책은 특별한 사람만이 쓰는 것'이라 여기며, 내가 책을 쓸 것이라고는 생각지도 못했다. 그러다 아이함께 연구회를 통해 갔던 일본 수업기술 연수 기간 중에 일본 현지 서점을 가게 되었는데, 그 경험을 통해 일본에는 정말 많은 선생님들이 수업에 관한 책을 쓴다는 것을 알게 되고 내심 부러운 마음을 갖게 되었다.

그리고 2014년이던가? 아이함께연구회에서 당시 주축이 되는 선생님들이 책을 출간할 계획이라며, 참여할 사람을 모집하였다. 당시에는 '과연 우리가 책을 내겠는가?' 하는 생각에 그다지 관심 갖지 않았다. 더구나 그 몇 년간 체육 전담을 맡고 있던 나로서는 연구회에서 공부한 수업기술을 평소 수업에 적용하는 것이 어려웠다. 설령 참여하고픈 마음이 있었더라도 만만치 않은 과정을 겪어야 했으리라. 그런데 시간이 흐른 뒤 정말로 책이 나왔고, 그때 참여했던 한 친구는 단독 저자로 자신의 책을 쓰기도 했다.

그때부터 나도 책 한 권 쓰고 싶다는 현실적인 열망을 갖게 되었다. 책을 쓰겠다는 명확한 목적을 가지고 치열하게 수업을 연구하고 실천하기 시작했다. 그리고 3년째 되던 해 여름부터 그동안 수업했던 것을 글로 쓰기 시작하여 마침내 『교사교육과정, 수업전략을 만나다』를 출간하게 되었다.

초임 시절에는 그저 열망만 있었을 뿐, 구체적인 실천이 전혀 없었고, 현실적인 열망을 갖게 된 이후에도 실제 책이 나오기까지는 6년 가까운 시간이 걸렸다. 치열하게 수업을 연구하고 실천하던 것에 비해 막상 그것을 글로 옮기기 시작하는 데까지 많은 시간이 필요했다. '과연 내가 책을 쓸 수 있을 것인가?', '내가 쓴 책을 누가 읽을 것인가?' 생각하며 글쓰기를 망설이는 기간이 길었기 때문이다. 다른 누군가에게 조언을 구하거나 도움을 얻기보다는 무엇이든 스스로 하고자 하는 성향 때문에 더 긴 시간이 걸리기도 했다.

내가 경험한 것처럼 '책을 쓰고 싶다'는 열망만으로는 선뜻 구체적인 글쓰기 단계로 나아가기가 쉽지 않다. 누구에게나 처음에는 어렵기 마련이다. 이 책은 책 쓰기를 원하는데 어떻게 시작해야 할지 방법을 찾지 못하고 있는 교사들을 위해 쓰게 되었다. 주로 『교사교육과정, 수업전략을 만나다』를 쓰면서 경험한 것을 토대로, 책을 쓴 과정과 그때 느낀 점을 바탕으로 작성하였다.

1장에서 교사로서의 행복을 추구하는, 한 가지 방편으로 글쓰기를 선택한 내 이야기를 담았다. 2장에서는 책을 쓰기 위해 방향을 정하고, 수업전략을 정한 후 교사교육과정을 구성하는 과정에 대해 안내한다. 3장에서는 실제로 내가 썼던 글을 제시함으로써 자신의 글을 쓰고 싶으나 무엇을 써야 할지 막막한 교사들에게 도움이 되고자 하였다. 4장에서는 실제 원고를 쓰는 과정에 도움이 될 만한 조언 전하고, 5장에서는 출간을 위해 출간기획서를 작성하고 투고하는 과정에 대한 이야기를 소개한다.

3장에 나오는 실전 글쓰기 사례들이 전체적인 구성에 위화감을 주는 듯도 하지만, 책 쓰기의 과정을 시간순으로 나열하자니 그 위치에 들어가는 것이 자연스럽다고 생각했다. 독자들은 1,2,4,5장 순으로 읽은 후에 3장을 읽어도 좋겠고, 1~5장 책의 순서대로 읽어도 좋겠다. 또 3장은 전체 내용과 별개로 하루에 조금씩 손에 잡히는 대로 읽고 덮고 해도 좋겠다.

마지막 5장은 주로 기획출간을 위해 필요한 내용이다. 그러나 자비출간이나 독립출판을 하고자 해도 제작 과정에 작성해야 하는 저자 소개, 책 소개 자료 작성 등에 참고가 될 수 있겠다.

책을 쓰고자 하지만, 쉽사리 시작하지 못하는 선생님들, 휘몰아치는 일상의 일에 치여 자신이 원하는 것을 하지 못하고 있는 선생님들에게 이 책이 도움이 되기를 바란다.

제1장

교사,
글쓰기로 행복을 꿈꾸다

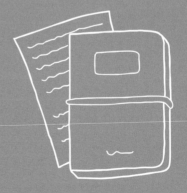

교사, 행복을 찾아서

　누구나 행복한 삶을 꿈꾼다. 종종 '행복하거나 불행하지 않은, 그저 평탄한 삶'을 강조하는 이도 있다. 이런 경우도 아무 일 없는 평온한 일상이 행복이라는 인식에 의한 것이리라. 사실 행복 대신에 다른 어떤 것을 추구한다는 것을 생각하기도 어렵다. 다양한 삶의 양상들은 행복의 개념에 대해 생각하게는 해도, 행복을 추구한다는 것 자체를 의심케 하지는 않는다. 요컨대 행복에 이르는 길이나 행복이 실현된 구체적인 모습은 각자 다를 수 있지만, 사람들이 꿈꾸는 것은 결국 행복한 삶이라 할 수 있다.

　사람들은 행복한 삶을 생각할 때, 일의 시간과 여가 시간을 구분한다. 일이란 것은 필연적으로 고되고 하기 싫은 경우가 많기 때문이다. 교사의 일도 그런 면에서는 자유로울 수 없다. 아이들이 방학을 고대하는 것처럼 교사 역시 방학을 맞이하면 아이들만큼이나 즐겁고, 방학이 끝나가고 개학날이 다가올수록 우울한 감정을 느낀다. 방학이 다가 오는 것이 서서히 눈앞에 보이는 7월 초, 12월 말에는 학교생활이 주 는 내적 스트레스가 극에 달하며 '어서 방학이 되어야 할 텐데'라는 말 을 입버릇처럼 하게 된다.

가르치는 일에 대한 사명감이나 소명의식에 대한 이야기는 언제부 턴가 교사를 옥죄어 오는 여러 사슬 중 하나가 되어 버린 것 같다. 교 사의 일에 대한 사회적인 존중은 나날이 줄어든다. 교사로서의 일을 잘 해내려는 소명의식은 내적 지향이 아닌 외부에서 가하는 질타의 도 구로 사용된다. 세계를 지배하는 자본주의 논리는 교육을 상품제공자 와 소비자가 마주 앉는 시장의 하나로 만들어간다. 교사 모임에서 장 난스럽게 학생을 '고객님'이라고 칭하는 동료 교사의 농담 아닌 농담 이 서글프다.

이런 상황에서 교사로서의 행복은 나날이 줄어들고 상처받은 마음 을 위로할 길도 마땅찮다. 교사로서의 일 그리고 여가 사이에서 어떻 게든 행복을 찾아 그 길로 나아가려 한다. 그래야 살만한 생활을 할 수 있기 때문이다. 어떤 이는 배구에 빠져들고 어떤 이는 연구회 모임을 통해 수업을 연구하기도 한다. 또 어떤 이는 기타나 대금, 장구 등 악 기를 배우고, 어떤 이는 책에 빠져든다. 그렇게 일의 시간이 끝나고 맞 이하는 여가 시간을 각자의 방법으로 즐긴다. 그 행위 자체에서 즐거 움을 얻기도 하고 그곳에서 만나는 사람과 교류에서 즐거움을 얻기도 한다. 신조어라고 하기엔 이미 많이 알려진 워라벨(work and life valance) 이라는 낱말은 어떤 진리처럼 느껴지기 시작했다.

그런데 어떤 사람들은 '여가 시간'과 '일의 시간'을 분리하여 행복은 여가 시간에서 찾는 것이라는 사회적 통념에 회의적이다. 과연 그런 삶이 행복을 위한 길이 맞는지 성찰하며 조언한다. 김현수의 『교사 상처』에서 자세히 언급하지는 않지만, 일의 시간과 여가 시간을 분리하여 생각하는 것을 일종의 해리 상태라고 말한다. 모르텐 알베크의 『삶으로서의 일』에서는 일의 시간과 여가 시간은 분리하여 볼 수 없고 그 전체를 삶으로 보아야 한다고 하였다.

일하는 시간은 하루 중 잠자는 시간을 제외하면 절반을 차지한다. 그 절반의 시간을 그저 어쩔 수 없이 감내해야 할 시간으로 여기고, 나머지 절반의 시간이 내 행복을 위해 활용할 수 있는 시간이라고 여긴다면 삶이 너무 힘들지 않을까? 삶에서 절반의 가능성을 처음부터 포기하는 것과 같다. 여가 시간에서 즐거움이나 휴식을 찾는다면, 일의 시간에서는 의미를 찾아야 한다. 앞서 언급한 『삶으로서의 일』에서 모르텐 알베크는 삶은 총체적인 하나로 보아야 한다고 말한다. 일하는 시간과 여가 시간으로 구분할 수 없다고 하며, 행복으로 이르는 길은 '의미를 찾는 것'이라고 한다.

그런 점에서 교사의 일에서 의미를 찾아야 우리는 행복에 이를 수 있다. 그리고 보면 외형상 교사의 일은 생각보다 행복에 가까운 일일 수도 있겠다. '가르치는 일은 보람이 있다'는 다소 일반론에 가까운 입장으로 보면 교사의 일은 아주 보람차고 만족스러울 수 있다. 그렇지만 『삶으로서 일』에서는 외형적인 일의 종류보다도 내적인 요소가 중요하다고 한다.

실제로 가르치는 일의 외형적인 요소만으로, 충분하게 의미를 부여할 수 있다면 교사는 모두 행복한 삶을 살고 있을 것이다. 그렇지만 모든 교사가 그런 행복한 삶은 살고 있지는 않기에 내적인 의미 부여가 필요하다는 것을 쉽게 알 수 있다. 가르치는 일에서 교사 자신이 성장하고 있고, 의미 있는 무언가를 하고 있다는 인식이 필요하다. 구체적인 방법은 사람마다 의미를 두는 것이 다르고 자신이 선호하는 분야도 다르기에 개인에게 달린 일이다.

나는 글쓰기에서 그 해답을 찾고자 한다. 이어지는 챕터에서는 교사의 글쓰기에 대해 이야기한다.

02

쓰는 일, 교사의 글쓰기

철학자 강신주 박사의 '꿈'에 대한 강의를 유튜브에서 들은 적이 있다. 그때 들었던 내용을 내 표현으로 정리하였다.

• 꿈을 진지하게 이루고자 한다면 그 길은 참 힘들게 느껴진다. 그저 무언가를 하겠다고 말만 하는 것은 진정으로 꿈꾸는 것이 아니다. 가장 좋은 길은 다른 어떤 것을 추구하는 것이 아니라 현실 그 자체에서 행복을 느끼는 것이다. 하고 싶은 것이 분명하고 자신의 욕망과 행복이 대체로 일치하던, 어린 시절에는 현실 그 자체가 행복에 가까웠다. 그러나 이미 성장한 지금 그와 같은 상태를 맞이하기란 불가능에 가깝다.
• 꿈을 이루고 그 꿈이 진정 자신이 바라는 것이었다면 또 다른 목표가 보인다. 그것이 보이지 않고 허무함만이 남는다면 그 꿈은 자신이 진정 원하던 것이 아니니, 지체 없이 다른 길을 찾아야 한다. 이 과정이 시간을 낭비한 것은

아니다. 이때 이룬 목표를 통해 '이 꿈은 내 꿈이 아니다'라는 것을 인식하였다면 그것으로 충분하다.

내 경우 교사가 되었다. 물론 어린 시절부터 교사가 되겠다는 마음으로 노력한 것은 아니다. 교대에 가게 되었고 그것으로 진로는 결정이 되었다.

그렇게 교사가 된 후 16년을 보냈다. 처음 10년은 연구회 활동과 학교 업무로 대표된다. 2년 차 때부터 연구회 모임을 나갔다. 수업 연구를 위해서라기보다는 사람을 만나고 교류하는 게 좋아서 성실히 나갔다. 학교에서는 일찍부터 큰 업무를 맡으며 계속하여 업무형 교사로 생활하였다. 10년 중 마지막 3년은 체육 전담을 맡으면서 더욱 큰 업무를 해나갔다.

이듬해 담임으로서 다시 학급을 맡게 되면서 수업에 눈을 돌리기 시작했다. 그리고 1년 후 새로 개교하는 학교를 혁신학교로 만들기 위해 몇몇 뜻있는 사람들이 모인다는 소식을 듣고 '나도 가볼까?' 하는 마음에 지원하였다. 혁신학교에서의 생활은 내 삶의 방향을 조금 바꾸었다. 내가 힘써야 할 것은 수업이라는 생각이 확고해졌고 큰 업무를 맡으며 학교 전체를 어떤 방향으로 바꾸겠다는 생각은 적어졌다.

그러던 어느 날 글이 쓰고 싶어졌다. 교사로서 수업에 관한 책을 쓰고 싶다는 생각은 이전부터 있었지만, 반드시 쓰겠다는 생각은 없었기에 기약 없는 소망이기도 했다. 그러다 2019년 여름방학 막바지 무렵 오랜 기간 손 놓고 있던, 책 쓰는 일에 돌입하였다. 시작은 2019년에 했지만, 수업에 관한 책을 쓰고자 하는 열망은 이전에도 있었기에

2017~2019년 2학년을 연이어 맡으며 수업에 힘썼다.

2019년 초반만 하더라도 정말로 책을 쓰리라고는 생각하지 않았다. 그해에는 독서에 더 열중하였다. 나로서는 상당히 어려운 책들, 또 재미있지만 두꺼운 책들을 읽어가던 여름방학 어느 날 허리가 아프기 시작했다. 앉아서 무언가를 하기가 어려워 보름가량 누워서 넷플릭스와 유튜브를 보며 생활하였다. 허리가 조금 나아질 즈음 미뤄 뒀던 책 쓰기를 해보자는 마음으로 글쓰기를 시작하여 2020년 12월에 원고를 완성하였다.

주로 원고를 작성한 기간인 2019년 여름부터 2020년까지는 수업에 관한 글보다는 문학적인 글이 쓰고 싶었다. 그러나 시작한 일을 내팽개치고 다른 것에 열중한다면 영영 수업에 관한 책은 쓰지 못할 것이라는 생각에, 하던 일을 끝까지 마무리 지었다. 아쉬운 것은 첫 책을 완성한 지금은 문학적인 글을 쓰겠다는 열의가 그때만 못하다는 점이다. 그럼에도 나는 글을 쓰고 있다. 문학적이라고 표현할 만한 글은 아직 쓰지 못하고 있지만, 무엇이든 쓰고 있다. 수업을 글로 기록하는 다양한 시도를 하고 있다. 그리고 주제가 무엇이든 자유롭게 글을 쓰기도 한다.

처음에 언급한 강신주 박사의 '꿈'에 관한 강의에서 '무언가 갈망하는 것을 이뤄보고 그 길이 아니면 지체 없이 다른 것을 시도해야 한다'고 했다. 자신이 진정 원하는 길이라면 목표 달성 후 또 다른 목표가 생길 것이고, 그렇지 않다면 그 길은 내 길이 아님을 알게 된다는 것이다. 나는 교사가 되었고 수업에 관한 첫 책을 썼다. 다음에 대해 아직 명료한 무언가는 떠오르지 않는다. 아직은 글 쓰는 것이 좋다. 그래서 지금도 글을 쓰고 있다.

교사로서의 글쓰기는 그것이 실용적인 성격이든, 문학적인 성격이든 교직과 관련이 있는 글일 가능성이 크다. 아이들과의 일상에서 얻은 성찰을 담은 글쓰기, 교직 생활에서 얻은 경험이나 이야기를 정리한 글쓰기, 소재·배경 등을 학교에서 가져온 소설이나 시 등 문학적인 글쓰기, 수업에 대해 성찰한 후 쓰는 글쓰기, 수업을 기록하는 글쓰기 등 다양하다. 여기서는 '교사의 글쓰기'라는 하나의 개념을 설정하려는 것이 아니라 다양한 글쓰기의 종류를 떠올려보는 것이 목적이다. 언급한 것 외에도 다양한 글쓰기를 많은 교사들이 시도하고 있을 것이다.

교사의 글쓰기는 많은 장점이 있다. 수업을 기록하고 되돌아보는 과정에서 깨달음을 얻고 수업기술을 향상시킬 수도 있다. 수업을 기록하면서 자신이 부족한 부분이나 더 연구하고 싶은 분야를 정해 연구에 돌입할 수 있다. 또한 아이들의 생활과 마음을 자세히 살펴보면서 생활지도의 해법을 얻을 수도 있고, 아이들에게 한 걸음 더 다가갈 수도 있다.

내 경우에는 수업에 관한 글을 쓰면서 생계로서의 일[1]에서 내 삶과 연결할 만한 요소를 찾으려고 한다. 물론 내 꿈이나 추구하는 삶이란 것은 나도 정확히 알 수 없다. 그저 갈망하는 것을 시도해보고 그 길이 아니면 또 다른 길을 찾을 수밖에 없다. 글을 쓰고 책을 쓰는 것도 그런 시도 중 하나이다.

· · · · · · · · ·

1   일과 놀이, 일과 삶을 생각할 때, 일에서 즐거움을 얻고 삶의 방향성을 설정한다든지, 실존적인 측면에서 성장하고자 하는 욕구를 충족시키는 것은 쉽지 않다. 즐거운 일이 었는데 막상 일로써 접하면 괴로운 일이 되기 쉽다. 교직은 분명 보람 있는 일이지만, '일'이기에 마냥 즐거울 수만은 없다는 의미에서 이렇게 표현하였다.

결국은 써야 한다

어린 시절에는 시간도 많고 무엇을 해도 재미가 있었다. 온종일 동네 친구들과 놀고 오는 길이면 잘 놀았다는 생각에 뿌듯하면서도 날이 저물어 더 놀지 못하는 것이 못내 아쉬웠다.

그런데 나이가 서른을 훌쩍 넘고 이제 마흔 줄에 접어들다 보니 언제부턴가 시간을 잘 보내지 못하고 있음이 아쉬워졌다. 돌이켜보면 30대 중후반부터 이런 생각이 들었던 것 같다. 이전에는 종일 하는 일 없이 멍하니 보내는 날 정도가 아쉬웠지, 책을 안 읽거나 글을 쓰지 않아서 아쉬운 것을 넘어 죄책감 비슷한 감정을 느끼는 일은 없었다. 생각해보면 독서를 많이 하고자 하고 또 글을 쓰고자 한 후부터 이런 강박에서 벗어나지 못하고 있는 것 같다. 의미 있는 일을 하며 시간을 보내야 한다는 강박, 그렇지 못했을 때 느끼는 죄책감에 가까운 감정은 일상을 우울하게 만든다.

이런 우울함에서 벗어나는 길은 그저 지금에 만족하고 욕심을 버리는 것이 첫 번째 방법일 것이다. 다른 한 가지 방법은 생각하는 대로, 의미 있는 일을 하며 마침내는 무언가를 이루는 일이다. 내 경우는 글을 쓰는 것이 그 길이었다.

생산적인 일을 하지 않아 강박에 빠지는 일은 의도적이든 그렇지 않든, 일종의 사회적 억압일 수도 있다. 그러나 그 강박에서 자유로울 수 없다면 일단은 그 강박을 생산적인 방향으로 이끌어 나가보기로 했다. 강박에서 벗어나 마음을 이완하며 쉬는 시간을 가지려고도 해봤지만, 그저 시간을 소비하는 것은 내 몸과 마음을 소비하는 것과 같았다. 마음의 우울함이나 괴로움은 그저 회피하거나 잠시 다른 것으로 눈을 돌린다고 해결되는 것이 아니기 때문이다. 근본적인 부분이 해결되지 않는다면, 그 문제는 잠시 유보한 것에 불과하다. 우리가 여행을 통해 잠시 일상에서 벗어날 수는 있지만, 영영 일상에서 벗어나 살 수 없는 것과 같은 이치다. 그런 마음가짐으로 오랜 시간 수업을 연구하고 글을 써나간 끝에 『교사교육과정, 수업전략을 만나다』를 출간할 수 있었다.

지금은 더 좋은 방법이 없는지 생각한다. 사회적 억압이나 자기 억압을 이겨내고 목표를 성취하고 짧은 순간 행복을 느끼다가 다시 허무함에 빠져드는 반복. 이런 순환을 벗어나서 굳건하게 의미를 추구할 수 있는 방법은 무엇일까?

내 생각에는 삶의 여러 모습에서 의미를 찾고 그것을 통해 신념을 갖는 것이라 생각한다. 바로 '자기의 이유'를 갖는 것이 그것이다. 이에 대해서는 이어지는 챕터에서 자세히 다룬다.

자기의 이유를 분명히 하라

'우리는 왜 살아가는 것인가?'

'나는 무엇을 원하는 것인가?'

'수업은 왜 하는가?'

'학교는 왜 가야 하는가?'

'이 프로젝트는 왜 하는 것인가?'

우리는 수많은 질문을 한다. 그중에는 선뜻 대답하기 어려운 질문들도 많다. 가끔 질문을 던져보지만, 이런 질문들은 어떤 면에서는 삶이나 일을 규명하는 근본적인 철학을 묻는 것이기에 쉽사리 만족할 만한대답을 찾지 못한다. 이런 일이 반복되면 마침내는 생각을 멈춘다. 가끔 혼자만의 시간에 중요한 질문을 던져보지만, '어차피 답을 찾기는어렵다'라는 생각에 답을 찾으려고 생각하는 것조차 멈추게 된다.

'이거다'라고 쉽게 생각한 대답을 듣거나 스스로 어떤 대답을 떠올려보지만, 왠지 너무 쉽게 대답하는 그런 말들은 삶의 근본적인 질문에 대한 답이 될 수 없다고 느낀다. 중요한 질문에는 충분한 고민과 성찰이 필요하다는 생각에서일 것이다. 그런데 어쩌면 '답을 찾지 못하면서도, 쉽게 찾는 답은 또 올바른 답이 아닐 것'이라고 여기는 태도가 발전을 가로막는 것은 아닌가 하는 생각도 든다.

이런 질문들은 단일한 하나의 질문으로 끝내서는 안 된다는 것을 최근에 깨달았다. '어떻게 살아야 하는가?'에 대해 답을 찾지 못하거나, 간단히 '세상을 탐구하며 살아야지'와 같이 대답하면 그것으로 끝이 아니다. '세상을 탐구하는 것은 어떤 것이지?'와 같이 끊임없이 다음 질문을 던지면서, 삶을 구체화해야 한다. 물론 그렇게 구체화한 질문에 대해 답하는 것 또한 만만치 않다. 끊임없이 고민하고 또 구체적인 질문을 만들며 답을 찾아야 한다.

'수업을 하는 일', '글을 쓰는 일' 등에도 이런 종류의 질문을 던지고 그에 따라 일이 이루어져야 하지 않을까? 프로젝트 수업에 대한 수많은 강의에, 내가 큰 흥미를 느끼지 못하는 이유는 '저건 그 사람의 사례'일 뿐이라는 생각 때문이다. 그 사람의 사례가 멋지고 대단할 수는 있다. 그것을 모방하여 실천하는 것도 의미가 있을 수 있다. 하지만 중요한 것은 그것이 '내 사례가 되어야 한다'는 부분이다. 그러자면 '나만의 이유'에 근거해야 한다.

이를테면 시 쓰기 수업을 실천하는 교사들은 많다. '삶을 가꾸는 시 쓰기'라는 이름을 사용하는 교사들도 많다. '삶을 담다', '삶을 가꾼다'라는 말을 사용하기는 쉬운데 그 말을 의미를 충분히 인식하고 사용하여 시 쓰기 수업을 실천하는 것은 어렵다. 내 경우에 '삶을 담은 시 쓰기'라는 말을 사용하는데, 시 쓰기 수업을 시도한 지 5년째이던 2021년에 이르러서야 겨우 '삶을 담다'라는 말을 어렴풋이 이해하게 되었다. 언어는 그 안에 담긴 생각을 온전하게 표현하지 못하기 때문이다. 그런 의미는 감정이나 감성의 영역에서 어렴풋이나마 이해할 수 있다.

사이먼 사이넥은 『Start with why』에서 중앙으로부터, '신념이나 명분에 해당하는 why', '이를 이루기 위한 how', '구체적인 모습이나 결과인 what'의 순서로 동심원과 같은 형태를 제시하였다. 이를 '골든 서클'이라 하고, 우리 뇌와 연관시켜 설명하기도 한다. 우리 뇌의 바깥에 위치하는 신피질은 언어나 논리적인 사고를 담당한다. 그에 비해 중심부에 위치한 변연계는 감정을 관장하며 모든 행동과 의사결정을 담당한다고 한다. 우리의 의사결정이 논리적인 판단보다는 감정이나 신념, 믿음에 더 의존한다는 점에서 변연계의 역할-골든서클 개념에서는 why-가 중요하다.

이렇게 볼 때 '삶을 담다'라는 말은 그저 듣거나 사용한다고 해서, 그 의미가 이해되거나 발현되는 것은 아니다. 진정한 의미를 why로서 확립하고 구체화하는 것이 필요하다. 순서는 why, how, what로 확산되는 형태지만, 언제나 생각을 먼저 한 후 어떤 방법을 정하고 구체적인 어떤 것을 시작하게 되지는 않을 것이다. 많은 경우 우선 행동하면서 그 진정한 의미를 깨닫기도 한다.

수업을 하든, 프로젝트를 하든 그것을 왜 하는지에 대한 명확한 생각이 섰을 때 한 단계 발전할 수 있다. 나만의 이유나 내면의 목소리를 분명히 갖고 방법을 찾아서 구체적인 행동을 해야 한다. 그리고 그 과정에서 자신이 세운 신념을 다시 인식하기도 한다.

책을 쓰는 일도 마찬가지다. '자신이 어떤 신념에 따라 책을 쓰는가?', '왜 책을 쓰는가?'에 대한 해답을 명확하게 가지고 글을 써나갈 때, 좋은 글을 쓰고 좋은 책을 쓸 수 있다. 처음부터 어떤 신념을 가지고 그것을 구체화하기 위해 책을 쓸 수도 있고, 글을 써나가다가 어떤 의미를 깨닫거나 신념을 얻을 수도 있다. 선후가 중요한 것은 아니다. 중요한 것은 '자신의 이유를 갖느냐 갖지 않느냐'이다.

자신의 이유가 아닌 '다른 사람이 그렇게 하니까 나도 한다'든지, 자신의 소망이 아닌 다른 사람이나 사회의 소망을 자신의 것으로 착각하고 있는 경우, 온전히 어떤 일을 해내는 것이 어렵다. 책을 쓰기 위해 글을 써나가기 시작하면 분명 힘들고 괴로운 순간을 맞이하게 된다. 그 과정에서 쓰는 일을 그만두고 포기할 수도 있고, 이겨내고 마침내 완성할 수도 있다. 힘든 순간을 이겨내고 자신이 원하는 목표를 달성하는 데에 큰 버팀목이 되어 주는 것이 바로 '나는 왜 책을 쓰고자 하는가?'에 대한 대답일 것이다. '자기의 이유'이니 만큼 이 물음에 대한 답은 각자가 다를 수밖에 없다.

신영복 선생님이 『담론』에서 이야기한 것처럼 '자기의 이유'는 '자유'이다. 내가 하고자 하는 일에서 의미를 찾는 것, 나아가 자신의 이유를 찾는 것이야말로 진정 자신을 자유롭게 하는 것이다.

제2장

책 쓰기,
준비가 반이다

01

먼저 방향을 정하라

수업하고 이를 토대로 책을 쓰고자 한다면, 가장 먼저 어떤 방향으로 수업하여 책으로 쓸지 정해야 한다. 시작 단계에서 충분히 명확하고 상세한 주제가 정해질 수도 있다. 이를테면 '질문 수업', '협동학습'과 같은 경우이다. 이보다 더 상세한 주제를 정한다면 이미 출간되기도 한, '협동학습으로 토의·토론하기', '협동학습으로 5학년 수학 수업하기' 등이 될 수 있겠다.

반면 포괄적인 주제인 '2학년 수업 전략[2]' 과 같은 형태가 있을 수 있다. 이런 경우에는 2학년 수업의 전략으로, 협동학습이나 질문 수업과 같이 특정한 한 가지 분야가 아니라 다양한 내용이 들어갈 수 있다.

두 경우 모두 평소 수업을 열심히 하고 상당한 자신감을 가져야 책

2　『교사교육과정, 수업전략을 만나다』 원고를 작성하던 때의 가제

쓰기 작업에 수월하게 뛰어들 수 있다. 두 경우를 구분하자면 전자는 특정 수업 기술이나 분야에 대한 다양한 적용이므로 그 분야에 대한 전문성이나 자신감을 갖춰야 한다.

반면 후자는 특정한 수업 기술이나 분야에 국한되지 않는, 다양한 방법을 이용하여 자신이 정한 주제를 실현한다. 스스로 구상하고 연구해야 하는 범위가 넓은 만큼 독창적인 구상과 연구를 지속하는 능력이 필요하다. 특정 영역이 아니므로 구성과 연구가 제대로 되지 않으면 이도 저도 아닌 것이 될 수도 있다.

이런 차이점도 있지만, 어느 쪽이든 평소 치열하게 수업을 연구해야 한다는 점에서는 동일하다. 수업을 연구하는 일은 교사 개인으로서도 반드시 해야 할 일이다. 그렇지만 강한 의지를 갖지 않는다면 꾸준한 열정을 유지하기 어렵다. 그런 점에서 관심 있는 주제를 연구하는 연구회 활동을 하는 것이 좋다. 함께할 때 더 넓은 시각으로 더 많은 것을 볼 수 있으며 연구를 지속하는 힘도 강해지기 때문이다.

혼자 하는 연구도 중요하다. 교직 생활을 하다 보면 매년 반복되는 1년, 반복되는 한 학기, 반복되는 하루를 살아가며, 그저 시간만 보내게 되는 경우가 많다. 1년이나 한 학기, 짧게는 몇 주 정도의 기간을 정하고 자신이 관심 갖는 주제에 대해 홀로 탐구하는 것도 좋은 경험이 될 수 있다. 함께하는 연구도 좋지만, 깊이 있는 연구는 혼자 할 때 더 효과적인 측면도 있다. 이는 1장에서 이야기한 '자기의 이유'를 분명히 할 수 있다는 점에서 그러하다.

지금까지 언급한 부분은 어디까지나 수업 연구 본연의 자세에 집중하며 자신의 콘텐츠를 마련하기 위해 주제를 설정하는 것이다. 그렇지만 책이란 것은 쓰는 사람이 원하는 대로만 쓸 수는 없다. 예상되는 독자와 시장 상황도 고려할 필요가 있다. 그런 점에서 주제 선정 시, 시중에 어떤 책들이 있는지 살펴보고 유망한 주제에 대해 생각해보는 과정도 필요하다.

자신이 평소 연구하거나 관심 있는 것으로 주제를 선정한 후에도 세부적인 가지를 마련하고자 할 때도 시중에 있는 책을 참고하여, 보다 경쟁력을 가질 수 있는 내용으로 구성할 필요가 있다. 여러 가지 책을 살펴보는 과정에서 자신의 연구에 대한 힌트를 얻을 수도 있다.

다만 시중에 나온 책을 살펴보는 것은 연구의 입장에 더 중점을 두는 것이 좋겠다. 아무래도 수업에 대한 책이라면 단순히 책을 출간하여 많이 파는 것만이 목적이 아니다. 그보다는 책을 쓰는 과정에 자신의 역량을 강화하고, 연구 성과를 전국에 있는 여러 교사와 교류하면서 함께 성장하는 것이 가장 큰 목적일 것이다. 책은 진실을 담고 있어야 그 힘을 발휘한다고 생각한다. 수업에 관한 것이라면 더욱 그러하다. 책을 쓰는 것만으로 끝날 것이 아니라 실제 그런 사람이 되어야 한다. 실제 자신의 모습을 글로 풀어내고 그 글이 인정을 받는 것이야말로 궁극적으로 지향해야 할 방향이다.

결국 '자신의 책을 쓴다는 것'은 그 안에 '자신을 담는 일'이다. 책의 주제를 정하고 그 과정에서 시중에 나와 있는 여러 책을 분석하고 참고하는 것도 필요하지만, 근본적인 부분은 자신이 좋아하는 분야, 자신이 잘 알고 있는 분야에 대해 자신의 이야기를 쓰는 것이다. 수업에 관한 책이라는 점에서 큰 분류는 정해졌을 수도 있지만, 수업에 관한 책에도 여러 종류가 있다. 먼저 자신을 잘 살펴야 진실로 자신의 책을 쓸 수 있다. 그런 점에서 자신에게 맞는 방향을 설정하는 일은 중요하다.

나만의 수업전략을 만들라

　방향을 정한 후에는 구체적인 수업전략을 정하게 된다. 『교사교육과정, 수업전략을 만나다』 원고를 작성할 당시 정했던 처음 제목은 '2학년 수업전략'이었다. 방향 정하기 단계에서 저학년, 특히 2학년에게 맞는 수업전략을 주제로 정했다.

　주제를 정한 다음에는 그에 맞는 구체적인 수업전략을 생각해야 한다. '2학년 수업전략'이라는 제목에 맞는 상세 전략을 생각하자면 저학년 학생의 특성을 생각해야 한다. 이 단계에서는 시중에 있는 다양한 책이나 연구 결과 등을 참고하는 것도 좋다. 이를 통해 저학년 학생들의 특성을 파악한다. 그런 후에 저학년 학생에게 가장 적절하고 효과적인 수업전략을 구상한다. 하지만 시중에 나와 있는 책을 참고할 때도, 명심해야 할 점은 '내가 쓰고자 하는 책에 담긴 내용은 내 것'이어야 한다는 점이다. 다른 사람의 책이 아닌 내 책을 쓰고자 함을 명심해야 한다. 내 것이 되지 못하고 여기저기서 가져다가 쓴 것에 머무른 책은 신뢰를 주지 못한다.

다음은 『교사교육과정, 수업전략을 만나다』 원고를 쓰려고 마음먹었을 당시 내가 작성한 목차이다. 이때는 내가 수업에 활용하고 있는 수업전략을 정리하여, 일차적인 목차로 삼았다. 본격적인 목차 정하기는 뒤에 다시 상세히 언급할 예정이다.[3]

01. 학습의 기본을 갖추도록 하라

02. 기본이 되는 개념은 분명히 가르쳐라

03. 그림으로 공부하도록 하라

04. 함께 해 보이며 배우게 하라

05. 저학년에 맞게 수업 구성하고 진행하라

06. 학생 작품으로 공부하게 하라

07. 자주 접하고 활용하도록 하라

08. 교실 환경은 학습 도구이자 결과이다

09. 놀이로 배우게 하라

10. 자신에게 맞는 도구를 충분히 활용하라

11. 공책을 적재적소에 활용하라

12. 그림책을 활용하라

13. 학생들의 학습 결과물을 묶어라

14. 생활에서 배우게 하라

· · · · · · · · ·

3   여기서 초기 형태의 목차를 언급하는 이유는 저학년 수업전략의 구체적인 모습을 이를 통해 알 수 있기 때문이다.

모든 전략을 미리 다 정한 후 수업을 시작한 것은 아니다. '그림을 이용한다', '놀이로 배우게 한다', '그림책을 활용한다', '공책을 활용한다' 등의 경우에는 미리 생각한 것이고 '자주 접하고 배우게 하라', '함께 해 보이며 배우게 하라'와 같은 전략은, 미리 정한 전략을 적용하여 수업을 구상하고 진행하는 과정에서 깨닫게 된 것이다. 또한 '학습의 기본을 갖추도록 하라'는 협동학습이나 한형식 선생님의 수업 기술 등 평소 활용하던 수업 기술 중 저학년 학생에게 적합한 것을 선택하고 이를 상황에 맞게 변형하여 정리한 것이다. 마지막으로 '저학년에 맞게 수업을 구성하고 진행하라'와 같이 저학년 수업을 하면서 자연히 깨닫게 되어 정리하게 된 것도 있다.

요컨대 항상 모든 것을 완벽하게 구상하고 실천에 돌입하는 일은 세상에서 좀처럼 찾기 어렵다. 처음부터 완벽하게 구상할 수는 없다. 그렇지만 아무런 방향성도 없이 무작정 시작한다고 없는 것이 생기는 것은 아니다. 여러모로 깊이 연구하고 구상하여, 처음 단계에서 생각할 수 있는 수업전략을 정리하는 것이 먼저다. 이를 바탕으로 1~2년이든, 그 이상이든 수업을 진행하고 연구한 내용을 정리하면서, 새로운 전략이 생기기도 하고 기존의 전략이 수정되기도 한다.

수업전략을 마련하고 이를 정리하는 과정에서 난감한 상황을 겪기도 했다. 다른 사람의 것이 아닌 내 것을 만들기 위해 끊임없이 고민하여 수업전략을 마련하였지만, 무언가를 새로 만들어 내는 것이 쉬운 일은 아니었다. '하늘 아래 새로운 것은 없다'라는 말을 절실히 느끼기도 하였다. 새로운 것이라고 철석같이 믿고 실천하였는데 어느 날 비슷한 사례를 책에서 발견하기도 하고, 내가 실천한 후 다른 누군가가 유사한 것을 실천하는 모습을 보기도 하였다.

　다른 사람이 실천하는 것, 다른 사람의 책에 있는 내용만으로 책을 쓰는 것은 그 책의 의미를 반감시킨다. 독창적인 나만의 것이 담겨야 한다. 그것이 하나부터 열까지 다 내 것이라면 그야말로 내 책이 된다. 하지만 하나에서 열까지 모든 것을 100% 창조하는 것은 쉬운 일이 아니다. 때에 따라서는 기존에 있는 것에 나만의 노하우를 더하여 실천하거나, 독창적이면서도 실용적인 해석이 덧붙일 수도 있겠다.

　이 상황은 음악계에서 기존에 있던 곡에 대한 편곡이나 리메이크 작업을 하는 것에 빗대어 표현할 수 있지 않을까? 중요한 것은 그저 가져다 쓰는 것이 아니라 창조적으로 변형하는 것이다. 그리고 그 결과물들이 정말로 자신이 고민하고 실천한 것이어야 함은 기본이다.

03

교사교육과정,
자기의 이유를 담아라

이제는 교사교육과정이라는 말이 상당히 익숙하다. 과거에는 교육과정에 있는 내용을 충실하게 전달하는 것이 교사의 역할이었다면, 지금은 스스로 구성할 수 있고, 또 그렇게 해야 하는 시대다. 불과 몇 년 전까지만 해도 교육과정 재구성을 꼭 해야 하는지 묻는 사람들도 많았다. 그렇지만 지금에 이르러서는 재구성을 어려워하는 교사는 있어도 그 필요성을 의심하지는 않는다. 그리고 2022 개정 교육과정에는 성취기준에 대한 교사의 재량권도 강화될 전망이다. 이제는 교육과정 재구성이라는 말로도 충분하지 않다. 단순히 기존의 것을 재구성하는 것을 넘어서, 교사가 주체가 되어 작성하는 교사교육과정이라는 말이 더 와닿는 상황이다. 그런 점에서 수업에 관한 책을 쓸 때 교사교육과정 운영에 관한 부분이 상당히 중요하다.

다만 교사의 자율권이 늘어난 만큼 책무성도 커진다. 자율권에 따라 구성한 교사교육과정이 성취기준 달성에 적합하지 않다면, 교과서만을 잘 가르치는 것만 못하다. 교과서는 성취기준 달성을 위한 수업 내용을 구체화한 자료이므로 교과서만을 잘 가르쳐도 성취기준 달성 및 핵심 역량 형성에 기본은 한다고 볼 수 있기 때문이다.

이에 이번 챕터에서는 내가 2021학년도에 했던 작업을 중심으로 교사교육과정 작성 과정을 살펴보기로 한다.

📍 학급 비전 정하기

교사교육과정 작성을 위한 재료로는 국가 교육과정, 교육과정 편성·운영 지침, 실천 중심 장학자료, 학교 교육과정 등이 있다. 이를 기반으로 하여 학급 교육과정 또는 교사교육과정을 작성하게 되는데, 이때 가장 핵심적인 부분이 학급 비전이다. 학년 초가 되면 학년 교육과정에 넣을 학급별 운영 목표, 바라는 어린이상 등을 정하게 된다. 처음 작성할 때는 이모저모로 고민하지만, 작성하여 제출한 이후에는 신경 쓰지 않거나 그 내용을 잊어버린 채로 한 해를 보내는 경우도 많다.

이것은 목적지를 염두에 두지 않은 채로 무작정 나서는 것과 같다. 당해 학급 교육과정 운영의 목표를 명확히 정하고, 목표에 다가갈 수 있는 구체적인 길을 탐색하여 꾸준히 나아가야 한다.

다음은 2021학년도 우리 반 학급 비전을 정리한 것이다.

1. 우리 반 비전

우리 속의 이야기

2. 우리 속의 이야기, 어떻게?

1. 내 속의 이야기를 알아본다.
2. 우리 속의 이야기를 알아본다.
3. 이야기로 서로를 연결한다.

3. 우리 속의 이야기, 무엇을?

1. 나와 너의 마음 바로 알기
2. 그림책을 통하여 나와 너 바로 알기
3. 시, 삶을 담다.

4. 마을 교육과정

2학기 '동네 한 바퀴' 프로젝트

학급 비전 해설

우리 속의 이야기

모든 사람들은 저마다의 이야기를 품고 살아간다. 태어나서 누군가를 만나고 무언가를 하는, 삶은 이야기가 된다. 그렇다면 이야기는 진실 그리고 경험한 것만일까? 그렇지는 않은 것 같다.

신영복 선생님의 『담론』 '사실과 진실' 챕터에 흥미로운 이야기가 나온다. 일흔이 넘은 노인. 집도 절도 없고 찾아오는 이도 없다. 전과는 자신이 기억하지 못할 정도로 많다. 당연히 감방에서 대접도 못 받고 한쪽 구석에서 조그맣게 살고 있다. 그런데 이 노인이 자기 존재감을 드러내는 날이 있다. 바로 신입자가 들어오는 날이다. 긴장한 모습으로 들어온 신입자에게는 노인이 걸어주는 말이 반갑다. 노인은 몇 가지 질문을 한 후 자신의 인생사를 이야기한다. 신입자가 들어올 때마다 듣게 되는 그 이야기는 계속 각색된다. 미담은 부풀리고 창피한 일은 빠지게 된다. 그리고 어느 날 신영복 선생님은 그 노인의 뒷모습을 보다가 실제 노인의 삶은 '사실'이고 각색된 인생사는 '진실'이 아닐까 생각한다. 삶에 대한 회한이나 이루지 못한 소망이 담긴 '진실'의 주인공으로 그 노인을 이해해야 하지 않을까 생각하게 된다.

문득 나의 '진실'에 대해 생각해본다. 내가 걸어왔던 길 그리고 내가 가고 있는 길. 내가 가고 싶은 길이지만 아직 가지 못한 길. 모두 나의 '진실'일 것이다. 이렇듯 사람 존재는 반드시 '사실'만이 전부가 아니다. 저마다 가슴속에 간직하고 있는 이야기가 바로 그 사람의 존재가

37

아닐까? 이 이야기는 사실을 넘어 그 사람이 가진 모든 감정을 반영하며 수없이 각색된다. 우리가 인간 존재 그리고 정체성에 대한 근원적인 질문에 쉽게 대답하지 못하는 것은, 어쩌면 끊임없이 변하면서 각색되는 이야기만큼이나 존재를 규정하는 요소들도 그 자체로 끊임없이 변화하기 때문인지도 모른다.

사실을 넘어 진실의 이야기를 품고 사는 사람들. 아이들도 마찬가지다. 저마다의 가슴속에는 각자의 이야기를 품고 있다. 그리고 아이들의 이야기는 서로를 이어준다. 나의 이야기는 너의 이야기와 연결되고 너의 이야기는 나의 이야기와 연결된다. 동시에 나의 이야기는 또 다른 너와 연결된다. 이런 연결이 거미줄같이 복잡해지면서 비로소 하나의 세상이 완성된다.

우리 속의 이야기, 구현하다.

우리 속의 이야기를 구현하기 위한 구체적인 방법은 '마음을 나타내는 말 학습을 통한 나와 너 바로 알기', '그림책을 통한 나와 너 바로 알기', '시, 삶을 담다' 세 가지다. '마음을 나타내는 말' 학습은 기초와 기본에 해당하기도 하며, 생활교육의 시작이기도 하다. 그림책과 시에 대한 학습도 마음을 나타내는 말 학습의 연장이고, 생활교육의 방편이기도 하다. 이는 우리 학교의 1,2학년군 비전인 환대와 일맥상통한다. 그리고 사람과 사람 사이의 관계는 아주 근본적인 부분이기에 상위 학년의 비전인 공존, 민주시민과도 연관된다. 사람을 볼 때 '진실'의 눈으로 보고 존재 그 자체로 보며, 적극적으로 공감(empathy)하는 태도가 중요하다. 이는 사람을 만나고 바라볼 때의 기본이며, 환대를 위한 전제조건이다.

우리 속의 이야기로 파생되는 연결. 그리고 그것이 모여 창조된 세상. 그 세상에는 우리 동네의 모습도 자그마하게 자리하고 있다. 결국 마을에 대한 학습 또한 우리 속의 이야기를 통한다고 볼 수 있다. 이렇게 학급의 비전인 '우리 속의 이야기'는 학교의 비전인 환대와 연결되고 마을교육과도 연결된다.

못다 한 이야기

그동안 내가 맡았던 학급의 비전은 세 차례 변경되었다. 신규 때는 '자유'를 중심 가치로 생각하였다. 인간에게 가장 중요한 가치는 자유인데, 사람은 혼자 사는 것이 아니므로 공동체 속에서의 자유를 생각해야 한다는 것이 주요 골자였다. 거기에 배려라는 가치를 추가한 뒤 학급 운영 목표나 중점 활동 등으로 구체화하였다.

저학년 학생들을 맡기 시작하면서는 자립이라는 개념에 이끌렸다. 여전히 삶에서 자유는 가장 중요한 가치라고 생각했지만, 성장과 교육이라는 측면에서 자립을 강조하는 것이 좋겠다고 생각했다. 자유로운 존재로 나아가는 과정에서 다른 사람과의 관계 그리고 그들에 대한 배려를 함께 가져가는 그 길이 자립이라고 생각하였다. 그런데 2021년 여름에는 이렇게 개인적 차원의 자유 또는 자립과 다른 사람과의 관계까지 고려하는 것은 연립이라는 개념과 더 어울릴 수 있겠다는 생각도 들었다.

지금의 비전은 '우리 속의 이야기'다. 이것으로 정한 것은 우연에서 기인했다. 그 때문인지도 모르지만, 기존에 내가 정했던 비전과는 달리 특별한 면이 있다. '우리 속의 이야기'를 우리 반 비전으로 정한 과정은 다음과 같다.

　내가 2학년을 맡은 것이 2021년 당시 4번째였다. 2017~2019년까지 3년 연속으로 맡았고, 2020년에는 체육 전담으로 한 해 건너뛰고 2021년에 또다시 같은 학년을 맡게 되었다. 처음 3년 연속은 100%는 아니지만 그래도 내가 희망을 해서 맡은 것이었는데 2021년에는 학교를 옮기면서 내 업무와 반이 이미 정해져 있어서 맡게 되었다. 앞서 3년을 통해 교육과정 운영과 기록을 어느 정도 했고『교사교육과정, 수업전략을 만나다』의 원고를 이미 완성해 놓은 상태였기에, 다른 학년을 맡아 새로운 교육과정을 운영해보고 싶었다. 그런데 내 의지와 상관없이 2학년을 또 맡게 되니 실망스럽기도 했다.

　그러던 중에도 '무언가 새롭게 할 수 있는 것이 있을까?' 하여 그림책과 시 쓰기 수업에 이전보다 더 집중하고자 했다. 이미 3년간 2학년 수업을 실행한 후 기록하였기에 또 새로이 기록할 일이 적어져 약간 여유가 생겼다. 그렇게 생긴 잉여의 시간과 에너지를 이용할 곳을 생각한 결과 우리 반 소식지를 발행하기로 했다. 그렇게 '계간 우리반'을 발행하게 되었다. 처음에는 매달 발행하려다가 현실적인 어려움으로 분기별 연 4회 발행하는 계간지로 가닥을 잡았다.

　1~3호는 2학년 교육과정에서 학습하는 내용을 떠올려 1호-'3월, 처음 그리고 만남', 2호-'자연, 추억 그리고 놀이', 3호-'동네 그리고 사람'으로 발행하였다. 그리고 마지막 4호는 어떤 주제가 좋을지 고민하

다가 '이야기'로 하려고 마음먹었다. 그동안 썼던 아이들의 시 수업 내용을 다루면 되겠다는 생각이었다. 그러던 중 '올해는 시집을 묶어서 내자'는 생각하게 되어 결국 계간지 4호는 특별판의 일종으로 시집으로 만들었다. 그렇게 정한 시집 제목이 '우리 속의 이야기'다. 아이들이 그린 표지 그림 중 하나를 골라 표지 작업을 하고 발간사를 적었다. 그동안 발행한 계간 우리반 1~3호도 넣고 다음으로 아이들의 시를 넣어서 마침내 시집 편집 작업을 마무리했다.

  바쁜 업무에 쫓겨 간신히 작업을 마쳐서 인쇄를 맡기고 종업식 전날 배송받아 마지막 날 아이들에게 나눠줄 수 있었다. 시집을 나눠주던 당시에는 바쁜 일정 속에 아이들의 시를 음미할 여유가 없었기에 그저 홀가분한 마음 정도였다. 한 이틀 후 뿌듯한 마음으로 아이들의 시를 살펴보던 중, 아이들이 시를 참 잘 적었다는 생각이 들었다. 토요일이면 부모님이 늦게 오셔서 걱정하다가 어머니와 통화하고 마음이 조금 놓인다는 이야기, 동네 탐험 수업을 하는데 다리가 너무 아프고 배가 고파오는데 아직 동네는 많이 남았다는 이야기 등 아이들의 생생한 이야기가 담겨 있었다.

  시집을 완성할 때까지도 '우리 속의 이야기'라는 제목은 그저 '이 정도면 괜찮은 제목 아닌가?' 정도밖에 되지 않았다. 그때까지는 그저 제목이고 말이었을 뿐, 내 가슴속에 들어온 의미는 아니었다. 그런데 완성한 시집을 통해 아이들의 삶이 담긴 이야기를 읽고 있자니 '우리 속의 이야기란 것은 이런 것이구나'라는 뜨거운 감정이 느껴졌다. 인간의 언어가 갖는 한계일 것이다. 언어는 그 자체로 실제적인 의미를 전달하지 못한다. 진정한 의미의 그림자라도 느끼는 것은 감정이나 감성의 영역이다.

그렇게 단순히 시집 제목일 뿐이던 '우리 속의 이야기'는 우리 반의 학급 비전이 되었다. 그동안 정했던 비전과는 사뭇 표현도 다르고 나에게 주는 울림이나 의미도 남다르다. 언젠가는 또 다른 의미 있는 비전으로 바꾸는 날도 있을 것이다. 그때는 어떤 것이 '우리 속의 이야기' 이상으로 내 가슴을 뛰게 할지 기대가 된다.

이어지는 내용은 '우리 속의 이야기'를 구체화하는 그림책 수업, 시 수업을 위한 교사교육과정이다. 시작은 '우리 속의 이야기'가 아니라 다른 데서 기인했으나 결국 이것이 '우리 속의 이야기'를 낳았다. 2022년에는 또 다른 모습일지도 모르겠으나 '우리 속의 이야기'는 다시 교실에서 그 모습을 드러낼 것이다.

📍 교사교육과정 디자인하기

교사교육과정 디자인은 성취기준 달성과 핵심 역량 함양이라는 목표를 학생들이 달성하도록 하기 위한 길을 교사 스스로 구성하는 것이다. 이 길은 학생, 지역, 학교 여건 및 교사의 교육철학에 기반하며, 최종적으로 학급 비전으로 설정한 가치를 지향한다. 결국 교사교육과정 디자인은 학급 비전 추구를 위한 구체적인 방안을 마련하는 것이다. 지금부터 우리 반의 학급 비전 '우리 속의 이야기'를 구체화하여 2021

년에 실천한 교사교육과정을 살펴보기로 한다.[4]

Why에 해당하는 우리 반의 비전, '우리 속의 이야기'를 구체화하여 What으로 설정한 것은 '나와 너의 마음 바로 알기', '그림책을 통하여 나와 너 바로 알기', '시, 삶을 담다' 세 가지다. 이 중 '나와 너의 마음 바로 알기'와 '그림책을 통하여 나와 너 바로 알기'는 별개로 보기보다는 함께 연관되고 교차되는 부분이 많다. 원래 마음을 나타내는 말 학습은, 3월 첫 주 적응활동을 교육과정에 포함시켜서 구성한 '나를 찾아 떠나는 여행' 프로젝트의 일부분이다. 그리고 마음일기와 그림책 수업은 마음을 나타내는 말을 익혀가는 일상 활동이다. '우리 속의 이야기'라는 비전에 적합한 부분만을 제시하기 위해 그림책을 이용하여 다양한 마음에 대해 알아보고 다른 사람의 마음을 짐작하는 내용으로 교사교육과정을 구성하였다.

(우리 속의 이야기) '못다 한 이야기'에서 이야기한 것처럼 '시, 삶을 담다'는 학급 비전 '우리 속의 이야기'를 낳았다. 다른 비전에 따라 계획하고 실천하던 수업이었으나 우리 반 시집 제목을 '우리 속의 이야기'로 정하면서 그대로 학급 비전으로 삼게 되었다. 그런 점에서 시 수업이야말로 우리 학급 비전을 구체화함에 있어 핵심이라 할 수 있다.

'그림책을 통하여 나와 너 바로 알기'를 위해서는 마음을 나타내는 말을 익히고, 마음을 표현하거나 짐작하는 것과 관련한 성취기준을 선별하였다. 또 시 수업과 관련한 성취기준을 모아 '시, 삶을 담다' 구현

·········

4 여기서는 '우리 속의 이야기'와 연관된 내용 구성까지만을 소개하며, 상세 수업 내용과 2학년 과정의 다른 프로젝트는 『교사교육과정, 수업전략을 만나다』을 참고하길 바란다.

하는 데 활용하였다. 이때 성취기준의 지식요소와 기능요소를 파악한다. 이에 따른 도달 정도를 점검하고 피드백하기 위한 평가 방향과 수업 방향을 함께 생각하여 교육과정-수업-평가-기록이 일체화할 수 있도록 해야 한다.

학급 비전		성취기준 분석		수업 내용 구성
학급 비전을 구현하기 위한 중점 활동 (What) 선정	▶	관련 성취기준 선별 성취기준 읽기 (지식, 기능)	▶	평가 방향 설정 및 수업 내용 구성

[참고] 교육과정 재구성 주제망 (나를 찾아 떠나는 여행)

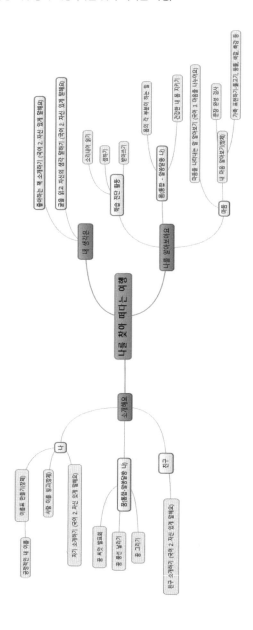

45

[참고] 성취기준을 토대로 활동 구성 (나를 찾아 떠나는 여행)

소주제	학습내용

나를
소개해요
	» 자기 소개하기
	  – 사람 이름 빙고
	  – 긍정적인 내 이름으로 이름표 만들기
	  – 변형 꼬마출석부를 이용한 소개 활동

나를
알아보아요
	» 학습 진단
	  – 소리 내어 읽기, 쓰기, 셈하기
	» 내 마음 알아보기
	  – 문장 완성 검사
	  – 가족 표현하기
	» 우리 몸 알아보기
	  – 몸의 각 부분이 하는 일
	  – 오감놀이
	» 마음을 나타내는 말 알아보기

내 생각
표현하기
	» 좋아하는 책 소개하기
	» 글을 읽고 자신의 생각 말하기
	» 학습 정체성 형성 활동
	  – 학급 로고 정하기
	  – 학급 규칙 정하기

내 꿈을
소개해요
	» 꿈을 이룬 내 모습
	» 꿈 풍선
	» 꿈 씨앗 발표회
	  – 꿈 씨앗 발표회 종목선정
	  – 꿈 씨앗 발표회 준비
	  – 꿈 씨앗 발표회

그림책 감상을 통하여 나와 너 바로 알기

그림책은 단순히 글이 중심이 된 책에 그림이 보조 요소로 완성된 것이 아니다. 글과 그림이 완벽하게 조화된 상태로 글이 중심이 되어 이야기를 이끌어나가기도 하고 그림이 중심 역할을 하기도 한다. 길지 않은 글과 때로는 눈을 사로잡는 그림으로 이야기를 이끌어간다. 그런 점은 '집중할 수 있는 시간은 짧지만, 호기심은 왕성한 저학년 학생들'에게 잘 맞다. 또한, 그림책은 깊이 있는 사고와 성찰의 기회를 제공한다는 점에서 고학년 학생들 그리고 성인 독자들에게도 적절하다.

이러한 그림책을 통하여 '나'와 '너'에 대한 바른 시각을 갖고자, 내용을 파악하고 이야기 나누며, 등장인물의 마음을 짐작해보는 활동을 중심으로 교육과정을 재구성하였다. 1학기는 마음을 나타내는 말을 익히는 데에 조금 더 중점을 두고, 2학기는 등장인물의 마음을 실제 짐작하는 것에 더 중점을 둔다. 물론 1학기에도 등장인물의 마음을 짐작하는 활동을 충분히 다루었다. 이는 학생 요인에 따라 조정할 수 있는 부분이다. 학생 요인에 따라 1학기에 등장인물의 마음을 짐작하는 활동 비중을 확대할 수도 있고 축소할 수도 있다. 2021년에는 등장인물의 마음을 실제로 짐작하는 활동 비중을 늘렸고 2019년 1학기에는 주로 마음을 나타내는 말 학습에 더 힘을 쏟았다.

내 마음이 보이니? (1학기)

성취기준	수업 내용	평가 내용
듣기·말하기[2국01-03] 자신의 감정을 표현하며 대화를 나눈다. 읽기[2국02-03] 글을 읽고 주요 내용을 확인한다 문학[2국05-02] 인물의 모습, 행동, 마음을 상상하며 그림책, 시나 노래, 이야기를 감상한다. 읽기[2국02-04] 글을 읽고 인물의 처지와 마음을 짐작한다. 듣기·말하기[2국01-02] 일이 일어난 순서를 고려하며 듣고 말한다. 쓰기[2국03-05] 쓰기에 흥미를 가지고 즐겨 쓰는 태도를 지닌다.	» 마음을 나타내는 말 익히기 　– 그림책 『오늘 내 기분은』 읽고 이야기 나누기 　– 마음 카드 만들기 　– 마음 카드 놀이하기 (교사용으로 제작한 마음카드 교구, 마음 일기 등의 일상 활동을 통하여 마음을 나타내는 말 반복하여 익힘) » 그림책 『치킨 마스크』 읽고 이야기 나누기 　– 질문 만들기로 이야기 내용 파악하기 　– 인물의 마음 짐작하기 » 그림책 『치과의사 드소토 선생님』 읽고 이야기 나누기 　– 질문 만들고 나누기로 이야기 내용 파악하기 　– 인물의 마음 짐작하기 　– '비주얼 씽킹'으로 내용 정리하여 말하기 　– 등장인물에게 하고 싶은 말 편지쓰기	마음을 나타내는 말을 알고 그림책에서 인물의 마음을 짐작해 이야기할 수 있다. – 마음을 나타내는 말을 안다. – 그림책 내용을 파악한다. – 그림책에 등장하는 인물의 마음을 짐작한다. – 등장인물의 마음을 짐작한 후 하고 싶을 말을 글로 표현한다.

		» 그림책 『별자리를 만들어 줄게』 읽고 이야기 나누기 – 질문 만들고 나누기로 이야기 내용 파악하기 – 인물의 마음 짐작하기 – 나만의 별자리 만들기 – 별자리 이야기 만들기	
		» 그림책 『짧은 귀 토끼』 읽고 이야기 나누기 – 이야기 엮기 – 인물의 마음 짐작하기 – 질문 만들고 나누기	
		» 그림책 『돼지책』 읽고 이야기 나누기 – 질문 만들고 나누기로 이야기 내용 파악하기 – 인물의 마음 짐작하기 – 부모님께 마음을 전하는 편지 쓰기	

내 마음이 보이니? (2학기)

성취기준	수업 내용	평가 내용
[2국02-03] 글을 읽고 주요 내용을 확인한다.	» 그림책 『신기한 독』 읽고 이야기 나누기 – 질문 만들기로 이야기 내용 파악하기 – 인물의 마음 짐작하기	그림책을 읽고 인물의 처지와 마음을 짐작하여 이야기할 수 있다. – 그림책의 내용을 파악한다. – 그림책을 읽고 인물의 마음을 짐작한다. – 인물의 처지를 이해하고 자신의 생각을 이야기한다.
[2국01-04] 듣는 이를 바라보며 바른 자세로 자신 있게 말한다. [2국02-04] 글을 읽고 인물의 처지와 마음을 짐작한다.	» 그림책 『너는 특별하단다』 읽고 이야기 나누기 – '특별하다'에 대해 이야기 나누기 – 자신이 특별한 이유	
[2국03-02] 자신의 생각을 문장으로 표현한다. [2국01-02] 일이 일어난 순서를 고려하며 듣고 말한다.	» 그림책 『고래를 삼킨 바다 쓰레기』 읽고 이야기 나누기 – 질문 만들고 나누기로 이야기 내용 파악하기 – 인물의 마음 짐작하기 – '비주얼 씽킹'으로 내용 정리하여 말하기 – 등장인물에게 하고 싶은 말 편지쓰기	
[2국05-02] 인물의 모습, 행동, 마음을 상상하며 그림책, 시나 노래, 이야기를 감상한다.	» 그림책 『도깨비 감투』 읽고 이야기 나누기 – 인물의 마음 짐작하기 – 토의·토론하기 – 내가 만약 도깨비 감투를 얻게 된다면?	

마음을 담은 시 쓰기

'시 쓰기'라고 했지만, 활동 면면을 보면 마음을 담은 일기를 쓰기도 하고 마음을 전하는 편지를 쓰기도 하며, 자신의 생각과 느낌을 담은 글을 쓰기도 한다. 다양한 활동들을 함께 하지만, 그중에서 '시 쓰기'를 메인 주제로 정한 것은 시 쓰기에 더 중점을 두고 학급을 운영하고 수업을 진행하려는 의도가 있었기 때문이다. 그리고 마음을 담아서 쓴 여러 글을 재료로 활용하여 시 쓰기로 나아가려고 한 것 또한 하나의 이유다.

'마음을 담은 시 쓰기'에서 중요한 키워드는 '마음'과 '삶'이다. 생활 속에서 느낀 자신의 감정을 생동감 있게 표현하며 삶의 한 장면을 포착하여 한 편의 시로 표현하는 것이다.

어린 시절 인화하여 보관한 앨범을 넘겨보면서 추억에 잠기는 것처럼 생활 속의 이야기를 시로 써서 그것을 읽어보며 당시의 기억에 빠져들 수 있는 그런 시집 한 권 만드는 것도 의미 있는 일이리라.

1학기와 2학기 모두 소책자를 만드는데 1학기에는 감상하기에 중점을 두어 기존 시집에서 마음에 드는 시를 추려내어 시선집을 만든다. 2학기에는 본격적으로 시 쓰기 돌입하여 우리 반 시집을 만든다. 이전까지는 학교 프린터를 통한 소책자 정도만을 만들었는데, 2021년에는 아이들이 썼던 시 중 세 편씩 스스로 선정한 것을 모아서 인쇄소를 통해 시집으로 엮었다.

(1학기) 시선집 만들기

성취기준	수업 내용	평가 내용
문학[2국05-02] 인물의 모습, 행동, 마음을 상상하며 그림책, 시나 노래, 이야기를 감상한다. 문학[2국05-04] 자신의 생각이나 겪은 일을 시나 노래, 이야기 등으로 표현한다. 읽기[2국02-05] 읽기에 흥미를 가지고 즐겨 읽는 태도를 지닌다.	» 시집 감상하기 – 각자 시집 감상 – 개인별 대표 시 정하기 – 모둠 대표 시 정하기 » 우리 반 시선집 만들기 – 개인 대표 시 시화 완성하기 – 우리 반 시선집 표지 그리기 – 우리 반 시선집 완성 » 시 만나기 – 시를 읽고 이야기 나누기 – 인물의 마음 짐작하기 » 그림책 『개구리네 한솥밥』읽고 이야기 나누기 – 인물의 마음 짐작하기 – 문장 만들기 – 문장 만들기로 시 쓰기 » 일상 활동 – 시를 만나는 아침 – 수업 활동 후 시 쓰기 (비 온 날, 숲 체험 놀이 활동, 모래 놀이 활동)	다양한 시를 만나고 감상한다. –시를 읽고 이야기 나누기 –시 장르 접하기 자신의 생각이나 경험을 시로 표현하기

(2학기) 우리 반 시집 만들기

성취기준	수업 내용	평가 내용
문학[2국05-02] 인물의 모습, 행동, 마음을 상상하며 그림책, 시나 노래, 이야기를 감상한다. 듣기·말하기[2국01-03] 자신의 감정을 표현하며 대화를 나눈다. 문학[2국05-04] 자신의 생각이나 겪은 일을 시나 노래, 이야기 등으로 표현한다. 읽기[2국02-04] 글을 읽고 인물의 처지와 마음을 짐작한다. 문법[2국04-04] 글자, 낱말, 문장을 관심 있게 살펴보고 흥미를 가진다.	» 시집『올챙이 발가락』창간 준비호 온작품읽기 – 개인 시 정하기 – 모둠의 시 정하기 – 모둠의 시 만나기 (질문 만들고 이야기 나누기, 인물의 마음 짐작하기) » 시 만나기 – 시를 읽고 이야기 나누기 – 인물의 마음 짐작하기 – 시 쓰는 방법 이야기 나누기 » 시 쓰기 – 겪은 일을 시로 쓰기 » 우리 반 시집 만들기 – 개인별 시 쓰기 – 우리 반 시집 표지 그리기 – 우리 반 시집 완성 » 일상 활동 – 시를 만나는 아침 – 매주 금요일 시 쓰기	다양한 시를 만나고 자신의 생각을 표현한다. – 시 감상하기 – 인물의 마음 짐작하기 – 자신의 생각 이야기하기 자신의 생각이나 경험을 시로 표현한다.

마을 교육과정 '동네 한 바퀴'

교사교육과정은 국가 교육과정, 시도 교육청의 교육과정 편성·운영 지침, 학교 교육과정을 토대로 작성하여 운영한다. 지금까지 제시한 교육과정 재구성 예시는 학급별 어린이상이나 학급 교육 목표를 바탕으로 한 것이었다. 반면 지금 소개하는 '동네 한 바퀴' 프로젝트는 학교 교육과정과의 연결을 보여주는 재구성 예시이다. 학교 교육 목표에서 1~2가지 하위영역을 가져와 그 주제를 중심으로 교육과정을 재구성하는 방법도 있고, 학교 교육과정에서 특색교육으로 제시하는 주제를 중심으로 교육과정을 재구성할 수도 있다. 여기서는 특색교육으로 제시한 '마을 교육과정'을 중심으로 한 교육과정 재구성 사례를 제시한다.

2016~2018년에 근무했던 학교 그리고 지금 근무하고 있는 학교에서도 2021년 당시에는 마을 교육과정을 학교 교육 특색으로 삼고 있었다. 2학년에는 통합교과에 마침 '이웃' 영역이 있으므로 이를 중심으로 교육과정을 재구성하였다.

여기서는 2018년도에 실천한 내용을 바탕으로 주제망과 활동 구성 내용표, 학생 주도성에 대한 고민과 실천을 담은 내용을 소개한다. 각 차시별 상세 수업 내용 등은 『교사교육과정, 수업전략을 만나다』를 참고하길 바란다.

교육과정 재구성 주제망 작성

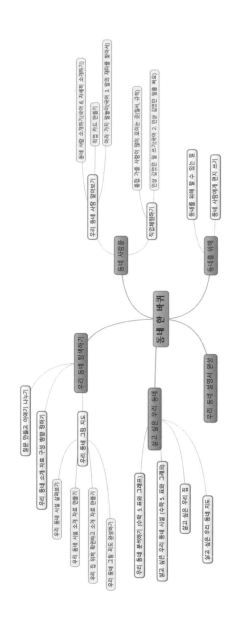

55

성취기준을 토대로 활동 구성

성취기준	수업 내용	평가 내용

[2바05-02]
동네를 위해 할 수 있는 일을 찾아 실천하면서 일의 소중함을 안다.
 	
[2슬05-03]
동네의 모습을 관찰하고, 그림으로 그려 설명한다.
 	
[2슬05-04]
동네 사람들이 하는 일, 직업 등을 조사하여 발표한다.
	» 질문 만들고 이야기 나누기
	» 우리 동네 소개 자료 구성 방향 정하기
	» 우리 동네 그림지도
	  - 우리 동네에 있는 사람과 시설 알아보기
	  - 우리 동네에 있는 시설 소개 자료 작성하기
	  - 우리 집 위치 확인하기 및 그리기
	  - 우리 동네 그림 지도 완성하기
		우리 동네 모습을 관찰하고 그림으로 표현하기

[2즐05-03]
동네 모습을 다양하게 표현한다.
 	
[2즐05-04]
동네에서 볼 수 있는 직업과 관련하여 놀이를 한다.
 	
[2국03-04]
인상 깊었던 일이나 겪은 일에 대한 생각이나 느낌을 쓴다.
	» 우리 동네 사람 알아보기
	  - 우리 동네 사람 소개하는 글 쓰기
	  - 직업 카드 만들기
	  - 여러 가지 말놀이
	» 직업 체험하기
	  - 사람이 많은 곳에서 지켜야 할 일
	  - 직업 체험하기
	  - 현장체험학습에서 인상 깊었던 일 글쓰기
		동네 사람을 소개하는 글쓰기
		
		인상 깊었던 일에 대한 생각이나 느낌을 글로 표현하기

[2국01-03] 자신의 감정을 표현하며 대화를 나눈다. [2국04-03] 문장에 따라 알맞은 문장 부호를 사용한다.	» 동네를 위해 할 수 있는 일 정하기 » 동네를 위해 할 수 있는 일 실천하기 » 우리 동네 사람에게 편지 쓰기	동네를 위해 할 수 있는 일을 찾아 실천하기
[2국03-03] 주변의 사람이나 사물에 대해 짧은 글을 쓴다. [2국05-03] 여러 가지 말놀이를 통해 말의 재미를 느낀다.	» 우리 동네 분석하기 　- 우리 동네 시설 표와 그래프로 나타내기 　- 우리 동네에 많은 시설과 부족한 시설 파악하기 » 살고 싶은 우리 동네 　- 살고 싶은 우리 동네 시설, 살고 싶은 우리 집 　- 살고 싶은 우리 동네 지도 완성	우리 동네의 시설을 표와 그래프로 나타내기
[2국01-02] 일이 일어난 순서를 고려하며 듣고 말한다. [2수05-02] 분류한 자료를 표로 나타내고, 표로 나타내면 편리한 점을 말할 수 있다. [2수05-03] 분류한 자료를 ○, X / 등을 이용하여 그래프로 나타내고, 그래프로 나타내면 편리한 점을 말할 수 있다.	» 우리 동네 설명서 속지 모으기 » 우리 동네 설명서 표지 그리기 및 완성	

교육과정 재구성 과정 학생 참여에 대한 고민

교육의 3주체를 학생, 학부모, 교사라고들 한다. 교육의 주체이니만큼 교육과정 운영에도 학생이나 학부모의 역할이 강조되고 있다. 그렇지만 교육과정 재구성에 한해서는 교사의 역할이 절대적이다. 이것이 당연하다 여길 수도 있지만, 어쩌면 학생, 학부모의 역할은 너무 미미한지도 모르겠다. 물론 지역이나 학생을 고려하고 연말에 실시한 교육과정 만족도 설문을 참고하여 다음 해 교육과정을 계획하지만, 의견을 반영하는 것과 주체로서 참여하는 것은 엄연히 다르다. 학부모의 주체적 참여는 물리적으로 상당히 어렵다고 하더라도 학생에 대해서는 '어떻게든 가능하지 않을까?' 하는 생각이 없는 것도 아니다. 그렇지만 학생은 3월부터 진급하여 등교하고 교육과정 재구성 작업은 2월에 많은 부분이 이루어지므로 현실적인 어려움이 있다. 그래서 학생의 개별적 학습 준비도나 흥미 등을 고려하고 학생이 주체적으로 참여하는 작업은 3월부터 학생이 등교하기 시작한 때부터 해야 한다. 그러므로 큰 그림은 교사가 그리되 실행 단계에서 학생의 의견을 수렴하여 방향을 결정하고 학생 개별적 특성에 맞는 수업으로 디자인하는 것이 한 방법이다.

내 수업에서는 하나의 큰 주제에 대해 학습하기 전에 먼저 학생들이 질문을 만들고 이야기를 나누는 시간을 갖는다. 공부할 주제에 대해 생각하고 이야기 나누는 것 자체만으로 충분히 의미가 있지만, 프로젝트 학습에 학생의 의견을 반영해 보려는 노력이기도 하다. 물론 저학년 교실이기에 유의미한 시사점을 찾기 어려운 경우가 더 많다. 그러나 그런 노력 중 간혹 결실을 보는 것이 있기도 하다.

다음은 앞서 제시한 '동네 한 바퀴' 프로젝트 도입 활동에서 학생의 의견을 수렴한 사례이다. 저학년 학생들이라 이 정도면 충분히 주체가 되어 구성하였다고 생각은 하지만 아무래도 교사의 역할이 큰 것은 아쉽기도 하다.

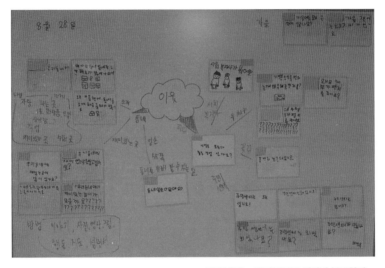

주제 탐색 – 질문 만들고 이야기 분류하기 •

각자 교과서를 참고하여 개인 자석 칠판에 질문을 한 가지씩 적었다. 아이들이 적은 질문을 크게 동네와 관련한 질문, 직업과 관련한 질문 두 가지로 분류하였다. 질문에 대한 답은 대부분 '이웃' 주제 학습을 통해 차근차근 알아갈 예정이라 모든 질문을 다루지는 않았다. 질문 중 동네를 소개한다는 내용이 있어 그에 대해 이야기를 나누어 보았다. 소개할 내용, 소개할 방법에 대해 아이들이 이야기한 것을 간단히 적었다. 적고 보니 동네를 소개하는 일에 대해서는 더 깊이 이야기해보는 것이 좋겠다는 생각이 들어서 이어지는 시간을 할애하여 상세히 이야기 나누었다.

우리 동네 소개하기 •

먼저 지난 시간 이야기한 우리 동네를 소개할 내용, 방법을 다시 칠판에 적었다. 소개할 내용으로 나왔던 자랑, 가게, 직업, 재미있는 곳, 쉬는 곳에 대해 이야기한 후 우리 동네 자랑거리는 무엇이 있고 재미있는 곳이나 놀이터는 어떤 곳이 있는지 이야기했다.

이어서 소개할 방법에 대해 이야기 나누었다. 아이들은 이야기하기, 사진, 영상, 그림으로 소개하기, 행동으로 소개하기, 지도로 표현하기, 설명서 만들기를 이야기했고 각각을 위해 필요한 준비물도 짚어보았다.

이 중에서 설명서가 눈에 띄었다. 아이들은 설명서에 들어갈 내용은 이 주제를 공부하면서 만들어갈 학습 결과물을 묶으면 좋겠다고 하였다. 이어서 본격적으로 동네를 탐색하기 위해 모둠별로 장소를 분담하였다.

제3장

교사,
수업하며 글을 쓰다

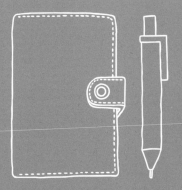

01

모든 글쓰기가 콘텐츠가 된다

책을 쓰고자 할 때 중요한 것은 작가가 가진 콘텐츠다. 책을 쓰고 싶다는 마음은 누구나 가질 수 있지만, 적게 잡아도 200페이지에 달하는 콘텐츠를 갖는 것은 그저 마음을 먹는 것과는 다른 문제다. 책을 쓴 경험이 없는 사람이 이제부터 책을 써야겠다고 마음먹고 짧은 시간 안에 원고를 완성하는 것은 쉽지 않다. 그래서 출간 경험이 있는 사람들은 책을 내고 싶다면 평소 꾸준히 글을 쓰는 것이 좋다고 말한다. 물론 빠른 시간 안에 책을 써내는 사람들도 있으나 대체로 자신의 콘텐츠가 확실하여 짧은 시간에도 집중하여 쓸 수 있는 것이다.

교사들은 이런 면에서 유리한 점이 있다. 글을 쓰고자 할 때 수업이라는 자신의 분야가 확실하기 때문이다. 마음만 먹는다면 얼마든지 글을 쓸 수 있는 것은 아니지만, 적어도 자신이 어떤 것에 대해 쓸 수 있을지에 대한 고민과 막막함은 덜하다.

다만 완성도나 독창성 등의 경쟁력을 갖추는 것은 또 별개의 문제다. 이는 개인이 갈고 닦은 시간의 양과 질에 달린 일이다. 또한, 콘텐츠가 충분하다는 것도 교사에 따라 다르기도 하다. 수업이라는 분야가 콘텐츠 갖기 측면에서 비교적 명확하다는 것이지 별다른 노력 없이 책 쓰기를 위한 콘텐츠가 절로 갖춰지는 것은 아니다. 끊임없이 수업을 연구하고 성실하게 기록으로 남기는 것이 필수다. 그런 노력이 뒷받침될 때 양질의 콘텐츠를 가질 수 있다.

교사의 책 쓰기에서 대표적인 어려움은, '교사의 글쓰기'는 실천이 뒷받침되어야 한다는 것이다. 실제 행위와 그에 따른 유형 또는 무형의 결과물이 있어야 한다. 어떤 종류의 사유나 이론적인 연구는 그것을 정리하면 되는 일이지, 모든 경우에 실천이 선행되어야 하는 것은 아니다. 그런 것을 볼 때 교사의 책 쓰기는 꽤나 어려운 면이 있다. 물론 교육에 관한 생각이나 일상을 기록하여 묶은 책이라면 반드시 수업에서의 실천이 뒷받침되어야 하는 법은 없겠지만, 교사의 책 중 대부분을 차지하는, 수업에 관한 책은 실천 없이는 쓸 수 없다. 실천하지 않고 책을 쓴다면 그 책은 자신의 책이라고 할 수 없기 때문이다.

실천 그 자체도 간단하지 않다. 나 자신이 아닌 어린 학생들의 변화나 배움이 중요하다는 점에서 단순히 실천한다는 것만으로는 부족하다. 그 실천이 성공적이어야 한다. 그 때문에 한 번의 실천으로 끝나는 것이 아니라 반복하여 실천을 하게 된다. 그런데 그 반복이 반드시 성공으로 귀결되는 것도 아니다. 물론 성공적인 실천에 대해서는 또 각자 기준이 다를 수 있지만, 그러한 기준 자체에 대해서도 고민할 거리 있다는 점이 교사의 책 쓰기에 어려움을 알려주는 셈이다.

그러나 이런 식으로 기준에 대해 고민하고 내 실천이 과연 책을 쓸 만큼 성공적인가에 대해서 고민하다 보면 어쩌면 평생 책을 쓰는 것이 불가능할 수 있다. 어떤 일이든 완벽히 준비한 후 실천을 하겠다는 생각은 어쩌면 우리의 진보를 막는 가장 큰 걸림돌일 수 있다. 일단은 쓰는 것이 중요하다. 그러기 위해서 우선 콘텐츠를 가져야 한다. 콘텐츠를 갖기 위해서는 주제를 먼저 정하고 실천할 수도 있고, 반대로 실천을 하면서 주제를 정해갈 수도 있다.

교사가 쓸 수 있는 글도 다양하다. 수업을 기록하는 글쓰기일 수도 있고 그날 학교에서 있었던 일을 소재로 한 교단일기일 수도 있다. 학교생활, 아이들의 이야기, 어떤 주제에 대한 생각 등을 담은 칼럼이나 에세이일 수도 있고, 어쩌면 수업을 연구하는 과정에서 쓴 기록이나 수업 비평문일 수도 있다.

그런 모든 것들이 책 쓰기의 콘텐츠가 될 수 있다. 주제를 정하여 실천하고 기록하면 그것이 책이 될 수도 있지만, 일상의 글쓰기가 모여 책이 될 수도 있다.

3부 이어지는 챕터들에서는 교사로서 쓸 수 있는 다양한 글쓰기를 다룬다. 글쓰기에 관한 기법을 다룬 책은 이미 시중에 많다. 나 역시 스티븐 킹의 『유혹하는 글쓰기』, 유시민 작가가 쓴 『유시민의 글쓰기 특강』, 유시민 글, 정훈이 그림의 『표현의 기술』 등을 읽었다. 또 언젠가 소설을 쓰고 싶은 생각에 기사 유스케의 『나는 이렇게 쓴다』, 김연수의 『소설가의 일』, 무라카미 하루키의 『직업으로서의 소설가』같은 책을 읽기도 하였다. 그리고 어떻게 하면 출판에 유리한가 하는 생각에 편집자의 입장에서 쓴 책을 읽기도 했다. 물론 아직 그런 책에서 읽은 것을 제대로 내 것으로 받아들여 실제 글쓰기에 활용하지는 못했다. 계속 읽고 쓰는 수밖에 없다.

시중에는 이렇게 글쓰기, 책쓰기, 편집자와 출판, 독립출판 등 책에 관한 많은 책들이 있다. 도서관을 가도 서가 한쪽을 꽉 채우기도 한다. 아마도 글쓰기에 관한 지침이나 코칭은 그런 책들 가운데 양서를 고른다면 도움이 될 것이다.

여기서는 작법 일반이 아니라 '교사로서 어떤 글을 쓸 수 있는가'에 대해 소개하기로 한다. 다양한 상황에서 쓴 글을 소개한다. 여기 소개하는 글이 특별히 잘 쓴 글이어서 소개한다는 것은 아니다. 글을 쓴 나도 특별한 목적 없이 '수업을 기록해야지' 하는 생각으로 글을 쓰거나, 어딘가에 제출해야 하는 글인데 내 이름이 들어가니까 이왕이면 열심히 써야지 하면서 쓴 글도 있다. 또 어떤 글은 그저 재미로 '학급 소식지를 한 번 발행해 볼까'라며 쓰기도 했다. 글을 쓰는 단계에서 이것이 책을 될 것이라고는 생각하지 않았던 글이다. 그런 점에서 다양한 가능성과 재료를 제시하는 이번 내용은 꽤나 흥미롭고 어떤 면에서는 일상의 일 그리고 글쓰기에 새로운 활력을 가져다줄 수도 있을 것이다.

여기서 소개하는 글쓰기 사례들이 책을 쓰고자 하는 교사들에게 특별한 영감을 줄 수 있기를 바란다.

일상의 수업을 기록하라

　자신의 콘텐츠를 갖는 일의 기본은 '일상의 수업 기록하기'다. 일상의 수업은 반복되는 일상의 하루와 유사하다. 매일 별다를 것 없이 반복되는 하루지만 그 하루를 어떻게 보내고 기록하느냐가 자신의 지난날과 다가올 날에 의미를 가져다준다. 수업도 마찬가지다. 일상의 수업에서 항상 별다를 것 없이 항상 비슷하게 수업하기만 하고 기록도 남기지 않는다면, 10년, 20년이 지나더라도 발전이 크지 않다. 하루의 수업 그리고 한 시간의 수업에 대해 고민하며 연구를 지속한다면 이전과는 분명히 다른 사람이 될 수 있을 것이다. 여기에 꾸준한 기록이 함께라면 금상첨화다. 가장 중요한 것은 일상의 수업에 노력을 기울이는 것이지만, 여기에 날개를 달아주는 것이 기록이 갖는 힘이다. 그렇지만 매일의 수업에 꾸준히 힘을 기울이는 것도, 이를 기록하는 것도 쉬운 일이 아니다.

　처음 책을 쓰고자 하는 마음을 먹었을 때, 열망만이 있었고 막상 실제로 무언가를 하지는 못하고 있었다. 그러다 2017년 2학년을 맡게 되면서 '저학년 수업에 관한 책을 쓰면 어떨까?' 하는 마음으로 어느 주말 오전 카페에 노트북을 가져가 목차를 작성하였다. 당시엔 학교 도서관에서 빌려온 책을 읽는 것이 주된 목적이었고, 책 읽기에 지쳤을 무렵 잠시 노트북을 켜서 목차를 작성하였다.

그렇다고 그 자리에서 떠오른 생각만으로 목차를 만든 것은 아니다. 이미 수업을 어떻게 진행할지 고민하며 실천하고 있었기에 목차 만들기는 그것을 몇 가지로 분류하여 정리하는 작업이었다. 하지만 그때까지도 내가 실제로 책을 출간하리라는 확신은 없었다. 그저 '이런 식으로 책을 쓰면 좋겠다.' 정도의 생각이었다.

책을 쓰리라는 확신은 없었지만, 관심은 있었기에 칠판과 학생 활동 모습을 담은 사진과 학생 활동지를 보관하는 정도로나마 수업 기록을 남겼다. 이를 문서로 정리하는 작업이 필요했으나 내 성실함이 거기까지 미치지는 못하였다. 책을 쓰려고 한 것이 처음이라 정말로 책을 쓸 수 있겠다는 확신이 없었던 것이 그 이유였던 것 같다. 확신도 없고 기록에 대한 요령도 없었다. 다행인 점은 사진과 활동지 정도의 자료는 남겼기에 실제로 책을 쓰겠다는 마음이 생겼을 때 기억을 더듬어갈 여지가 있었다. 그렇지만 책을 쓰는 과정에 활동지 스캔본과 학생 활동 사진, 칠판 사진 정도의 기록으로는 분명히 한계가 있었다. 제때 수업 기록을 글로 남겼더라면 『교사교육과정, 수업전략을 만나다』 4부 수업 실천 사례 서술이 보다 실감 나고 생생했을 것이고, 책을 쓰는 과정도 훨씬 여유 있었을 것이다.

그런 배경에서 일상의 수업을 어떻게 기록할지를 다루고자 한다. 우리가 평소 무언가를 작성하거나 기록하고자 할 때 그동안의 관성에 따라, 어떤 식으로 정리할지 기본 양식을 생각하게 된다. 업무를 처리할 때나 정보를 정리할 때 양식을 만들어서 활용하면 그만큼 편리한 점이 있기 때문이다. 수업을 기록함에 있어서도 양식이 있다면 조금 더 편한 점이 있을 것이다. 그런데 양식을 만들 때 아무래도 책을 쓰겠다는 뜻을 품고 하기에 어떤 형태가 좋을지 고민하고 망설이게 된다. 그러면서 어영부영 시간을 보내면 정작 중요한, 수업 기록을 하지 못하는 경우가 생긴다. 한참 후에 양식을 만들고 그때부터 바로 수업을 기록하면 다행인데 또 여러 가지 이유로 시작을 망설이게 된다. 그러다 아무것도 하지 않고 또 1년을 보내게 된다.

이것은 그저 적은 내용이 아니라 내 경험이다. 2019년 여름부터 『교사교육과정, 수업전략을 만나다』를 쓰고 2020년 마무리한 후 일상의 수업 기록이 중요함을 절실히 느꼈다. 그래서 2021년부터는 일상 수업 기록을 하고자 했는데 '양식을 만들어야 할 텐데'하는 생각으로 한참을 보내고 또 양식을 만든 후에 실제 기록을 시작하는 데에도 오랜 시간을 보냈다. 결국 기껏 만든 양식은 사용하지도 않고 여름 방학 때 1학기 일부 수업들에 대해 자유롭게 기록해 나갔다. 형식을 갖추는 것도 좋지만 바로 기록을 시작하면서 필요하다면 형식을 갖추어가는 것이 어떤 면에서는 다 나을 수도 있다. 무슨 일이든 항상 완벽하게 준비된 상태로 시작하는 것은 좀처럼 어려운 일이기 때문이다.

기록은 꽤나 개인적인 성격의 일이라 누군가 만든 양식이 꼭 정답일 수는 없고 자신이 잘할 수 있는 형식이 있을 것이다. 또 어떤 경우에는 형식이 없는 기록이 있을 수 있으며 그런 기록이 반복되면 하나의 형식이 만들어질 수도 있다. 사실 2021년 1학기 때 수업 기록에 큰 의지가 없었던 것은 『교사교육과정, 수업 전략을 만나다』 집필을 전년도에 이미 마무리했는데 2021년 또 2학년 담임을 맡게 되어서 기록의 필요성을 그리 절실히 느끼지 않은 탓도 있었으리라고 생각한다. 매일의 수업을 기록하려고 해도 이전에 실천했던 수업과 크게 다르지 않으니 기록의 의미가 절실하게 다가오지 않았다.

그러다 여름방학 때 일부 수업에 대한 기록을 한 이후로 2학기에는 그동안 했던 수업과 조금 다른 방향의 수업 위주로 소소한 기록을 해 나갔다. 여름방학 때 시작한 기록의 경험이 하나의 틀이 되어 기록의 습관을 만들어 준 것이다.

그것이 책을 쓰기 위한 뒤늦은 기록과 다른 점은 순수한 기록 그 자체라는 점이다. 무언가 큰 목표를 세우면 조급한 마음이 들고 반복되는 일을 꾸역꾸역 해 나가는 상황을 맞게 된다. 책을 쓰려고 수업 사례를 뒤늦게 기록할 때가 그랬다. 그래서 수업 사례 소개에 한해서는 썩 만족스러운 글을 쓰지 못했다. 그에 비해 특별한 의도가 없는 순수란 기록은 무엇보다 글 쓰는 일에 여유가 있다. 꼭 언제까지 다 해내겠다는 강박에 가까운 마음이 없다. 글에도 여유가 느껴지고, 무엇보다 글 쓰는 일이 힘든 경우가 적다. 실제로 이전과 비교해 쓰는 속도가 아주 늦는 것도 아니다. 오히려 덜 부담스러운 마음으로 꾸준히 글을 쓰게 된다. 물론 이렇게 쓴 글이 책이 되는 것은 또 다른 문제이다. 일반적인 글쓰기와 책 쓰기를 위한 글쓰기는 조금 다르기도 하다.

하지만 글이 책이 되든 그렇지 않든, 수업을 기록한다는 것 그 자체로도 충분히 의미가 있다고 생각한다. 여기서는 몇 가지 사례만을 소개한다.

📍 수업 기록 – 우리 주변의 낱말

과목	국어	단원	4. 말놀이를 해요
성취기준	문학[2국05-03] 여러 가지 말놀이를 통해 말의 재미를 느낀다. 문법[2국04-04] 글자, 낱말, 문장을 관심 있게 살펴보고 흥미를 가진다.		
주제	우리 주변의 낱말 알아보고 말놀이 하기		

만두, 라면, 김밥 이름을 알아보고 이를 이용하여 말놀이를 하는 수업이다. 마인드맵을 이용하였다. 아무래도 마인드맵을 처음 접하는 저학년 학생들에게는 개인 활동으로 작성하기가 어렵다. 칠판에 마인드맵으로 음식을 나타내는 낱말을 정리하면서 낱말을 익히고 동시에 마인드맵 방법도 익힌다. 또한 이번 수업은 다음 시간에 이어질 수업에 대한 연습이 되기도 한다. 아이들에게 익숙한 음식 이름을 통하여 마인드맵을 통한 정리법, 말놀이 방법 등을 익힌다. 다음 시간에는 봄의 동식물을 이용하여 비슷한 방법으로 수업을 진행하게 된다.

1 우리 주변의 낱말 알아보기

아이들에게 익숙할 수도 있지만, 수업의 효과를 높이고 활동에 대한 흥미를 유발하는 차원에서 음식 이름을 미리 생각해 오기로 하였다.

전날 알림장에 만두, 라면, 김밥 각각 한 가지 종류씩 적어 오도록 안내하였다. 이전에 수업했던 경험에 의하면, 라면의 종류를 물어보았을 때 아이들은 신라면, 진라면 등 주로 라면 상품 이름을 이야기하였다. 그것이 틀린 것은 아니지만, 해물라면, 짬뽕라면 등 다른 분류에 의한 낱말 학습도 필요하다. 그래서 이번에는 치즈라면 등을 예시로 알려주고 라면 상품 이름에 따른 종류가 아님을 상기시켰다.

먼저 중간에 그릇 사진을 붙이고 음식이라고 적는다. 사진 한 장에 아이들은 집중한다. 이어서 먹음직스러운 김치만두 사진을 붙이고 '만두'라고 적는다. 아이들은 맛있겠다며 사진에 빠져든다. 이어서 김밥 사진을 붙이고 '김밥'이라고 적는다. 마지막으로 젓가락으로 김이 모락모락 나는 라면을 집고 있는 사진을 붙인다. 이 사진이 결정타였다. 아이들은 맛있겠다며 난리다. 각 사진을 붙일 때도 짐짓 더 맛있게 보이는 사진을 고르며 '이게 좋겠다' 등의 말을 하며 붙이자 아이들이 더 집중하면서도 한편으로는 먹고 싶은 눈으로 사진을 바라본다.

만두부터 시작하였다. 아이들에게 만두의 종류에는 어떤 것이 있는지 묻자 앞다투어 만두 이름을 이야기한다. 아이들이 김치만두, 고기만두, 찐만두, 왕만두 등 다양한 만두를 이야기하면, 나는 미리 생각해 둔 위치에 각 만두 이름을 적는다. 마인드맵인 만큼 분류가 중요하다. 아이들이 말한 만두를 다음과 같이 분류하였다.

- 재료: 김치만두, 당면만두, 고기만두, 새우만두
- 조리 방법: 물만두, 군만두, 찐만두, 만두튀김
- 모양이나 크기: 왕만두, 납작만두

마인드맵에서 '만두' 가지는 모두 파란색으로 긋고, 낱말도 파란색으로 적었다. 아이들과 묻고 답하며 정리하는 과정을 통해 재료, 모양이나 크기, 조리 방법이라는 분류 기준을 자연스럽게 제시하였다. 함께 해보았으니 이제는 아이들이 직접 쓰기로 한다.

먼저 김밥의 종류를 각자 포스트잇에 적어서 발표판에 붙인다. 하나하나 분류하여 칠판에 정리한다. 김밥 가지는 빨간색으로 정리하였다.

- 재료: 참치 김밥, 샐러드 김밥, 돈가스 김밥, 참치 김밥, 파인애플 김밥, 치즈 김밥
- 방법: 누드 김밥
- 크기: 꼬마 김밥
- 모양: 삼각 김밥, 사각 김밥

아이들은 파인애플 김밥이나 사각 김밥 등 나로서는 처음 들어본 김밥을 이야기하기도 한다.

같은 방법으로 라면의 종류를 알아보았다. 각자 포스트잇에 쓰고 발표판에 붙인 후 이를 분류하였다.

- 재료: 어묵 라면, 새우 라면, 계란 라면, 치즈 라면, 튀김 라면, 우동 라면, 라볶이
- 라면 상품: 진라면, 신라면 등

2 나는 누구일까요?

이제부터는 말놀이 활동이다. 협동학습의 암기숙달 구조 '나는 누구일까요'를 활용한다. 중복되지 않도록 학생 수만큼의 낱말을 정하고 각각 번호를 붙인다. 아이들에게 포스트잇을 한 장씩 나눠준 후 자기 번호가 적힌 낱말을 적게 하고 걷는다. 눈을 감도록 한 후 무작위로 한 장씩 선택하여 아이들 등에 붙여준다. 포스트잇만으로는 옷에 잘 붙지 않아서 목걸이형 이름표에 붙여서 등 뒤로 돌려 걸어준다. 아이들에게 절대 자기 등에 붙은 낱말을 보지 못하도록 당부한 후 활동 방법을 알려준다. 아이들은 자리에서 일어나 자유롭게 돌아다니며 친구를 만나 자신의 등에 붙은 낱말을 보여준 후 어떤 낱말이 적혔는지에 대해 질문한다. '예/아니오'로 대답할 수 있는 질문만을 할 수 있으며 한 사람에게 2개씩만 할 수 있다. 만난 친구와 서로 번갈아 가며 자신의 등에 붙은 낱말에 대한 2개의 질문으로 맞히면 목걸이를 교사에게 반납한 후 자기 자리에 앉도록 한다. 만약 맞히지 못하면 다음 친구를 만나서 질문하고 맞히기를 반복한다. 질문을 앉아 있는 학생에게도 할 수 있도록 하여 이미 답을 맞혔다고 마냥 놀고만 있지 않도록 한다. 그리하여 모든 학생이 자리에 앉으면 활동이 마무리된다.

나는 누구일까요 •

3 다섯 고개

음식 이름을 이용한 다음 말놀이 활동이다. 아이들은 퀴즈를 내고 맞히는 것을 가장 좋아한다. 다섯 고개는 아이들이 가장 좋아하는 말놀이 중 하나이다. 다섯 고개 활동도 아이들에게는 처음이라 내가 몇 차례 문제를 낸다. 가만히 칠판의 음식 이름을 살펴보다가, 문제로 낼 낱말을 결정했노라고 밝힌다. 이제 내가 다섯 가지 힌트를 차례로 이야기한다. 이때 별다른 안내를 하지 않으면 아이들은 음식 이름을 마구 이야기하게 된다. 그중에 우연히 한 학생이 맞히게 되면 음식에 대한 힌트도 거의 못 듣게 되고, 답을 맞히지 못한 학생들은 김빠져 버린다. 이를 방지하기 위해 공책에 번호를 적고 1번 힌트를 들었을 때 생각한 정답, 2번 힌트까지 들었을 때 생각한 정답. 이런 식으로 차례로 적어 나간다.

다섯 고개인 만큼 힌트는 총 다섯 개이며 마지막 다섯 번째 힌트에서는 답을 거의 알게 되도록 힌트를 조정하여 준다. 내가 몇 차례 문제를 내면 이제 스스로 문제를 내고 싶은 아이들이 생긴다. 이제는 아이들에게 칠판에 적힌 음식을 하나 정하고 이에 맞는 힌트를 적도록 한다. 그리고 지원을 받아 한 명씩 나와서 문제를 내고 맞힌다. 답을 맞힌 학생이 다음 차례에 나와 문제를 내게 된다. 아무래도 저학년 교실이라 힌트 다섯 가지를 만들지 못하는 학생들도 있다. 이런 경우 세 가지 정도만 적도록 하였다.

다섯 고개 •

📍 그림책 수업 기록

짧은 귀 토끼

꼬마 토끼 동동이는 친구들과 달리 귀가 짧고 둥글고 토실토실하다. 빨리 달리고 높이 뛸 수 있으면 그만이라고 생각해 보지만, 점차 짧은 귀가 신경 쓰인다. 조금 더 자라면 귀가 길어질 것이라는 친구 미미의 말을 듣고 귀가 길어지길 기다렸지만, 좀처럼 길어지지 않는다. 빨래집게로 귀를 집어 빨랫줄에 매달려도 보고 물을 준 채소가 자라는 것을 보고 매일 귀에 물을 주기도 하고 매일같이 길이를 재어 보지만 5cm에서 좀처럼 길어지지 않는다. 속상해진 동동이는 빵을 귀 모양으로 구워 머리에 붙이고 의기양양하게 미미를 찾아갔다. 그런데 설탕과 물엿으로 만든 토끼 귀 빵에서는 달콤한 냄새가 났고 이 냄새를 맡은 독수리가 쫓아오기 시작한다. 독수리는 동동이를 낚아채어 아기 독수리들이 있는 둥지로 향한다. 동동이가 발버둥 치다가 토끼 귀 빵이 부러지고 동동이는 버섯들 사이에 숨어 독수리를 피한다. 짧고 둥글고 토실토실한 귀 덕분에 동동이는 무사히 돌아가게 된다. 아기 독수리들은 토끼 귀 빵을 먹고 지금까지 먹어 본 토끼 귀 중에 가장 맛있는 귀라고 생각하고 그 소문은 여기저기로 퍼지게 된다. 이 소식을 들은 동동이는 토끼 뒤 빵집을 만들어 동물 친구들에게 팔게 된다.

누구나 자신이 마음에 들지 않는 부분이 있을 것이다. 하지만 TV에 나오는 연예인들이 자신의 콤플렉스라고 눈이나 코 등을 이야기하는 것을 보고 있으면, 어떤 면에서 자괴감에 빠질 법도 하다. 요즘 잘 나가는 야구 선수 '오타니 쇼헤이'를 보고 있자면 '다 가졌구나', '세상은 불평등한가?' 하는 생각이 들기도 한다. 물론 일정한 성취를 이룬 사람들의 영광스런 모습에 비해 그들이 평소에 했던 노력은 쉽게 드러나지 않는다. 지금의 자리에 있기 위해 얼마나 많은 노력을 했을지는 상상조차 되지 않는다. 그렇지만 모든 것을 다 가진 듯해 보이는 사람들에 대한 부러움과 질투는 어쩔 수 없다. 그리고 내가 가진 어떤 결점은 참 뼈아프다.

'짧은 귀 토끼'에서 동동이는 자신의 짧은 귀가 콤플렉스다. 비록 귀는 짧지만, 튼튼한 다리를 이용하여 빨리 달리고, 높이 뛰는 능력은 아주 뛰어나다. 그렇지만 그 짧은 귀가 너무나 신경 쓰인다. 귀를 길게 만들기 위해 여러 가지 노력해 보지만, 귀가 길어질 기미는 전혀 보이지 않는다.

그렇지만 그 짧은 귀 덕분에 독수리의 위험에서 벗어나고 짧은 귀를 숨기기 위해 만들었던 토끼 귀 빵은 동물 친구들 사이에서 큰 인기를 끈다. 자신의 단점이 장점으로 변했고 그러던 중에 했던 노력이 엉뚱한 방향에서 결실을 맺는다.

세상 모든 사람이 동동이와 같은 성공을 거둔다면 세상은 참 살기 좋은 곳이 될 것이다. 어쩌면 이것은 모든 사람이 목표로 삼아야 할 삶인지 모른다. 사람들은 각자 다른 능력을 지녔는데 하나의 길만을 목표로 삼고, 세상의 잣대도 그와 별반 다르지 않다. 비슷하면서도 또 다른 사람들 속에서 자신에 대한 올바른 이해와 공존의 길을 모색하는 것이 미래를 살아갈 우리 아이들에게 던져진 과제이다.

짧은 귀 토끼는 그림책을 만나기 전에 이야기 엮기 활동부터 시작한다. 그림책을 카메라로 찍어서 4가지 장면을 이야기 순서와 무관하게 배치하여 칠판에 붙인다. 아이들은 '토끼다'라며 사진에 집중한다. 빨래집게로 귀를 집어 빨래줄에 스스로 매달린 장면을 보고는 토끼인지 인형인지 궁금해한다. 칠판에 붙인 4장의 사진을 작게 인쇄하여 모둠별로 한 세트씩 나눠주면, 모둠 아이들은 각자 한 장의 사진을 나눠 갖는다. 아이들은 각자가 가진 사진을 설명하며 사진의 순서를 정한다. 순서를 정하면 함께 의견을 나누며 이야기를 만든다. 그리고 나눠준 학습지에 사진을 붙이고 각자 맡은 사진에 어울리는 이야기를 적어서 모은다.

모둠별로 나와서 자신들이 정한 순서에 따라 칠판의 사진을 조정하고 이야기를 발표하였다.

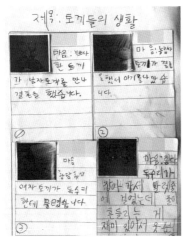
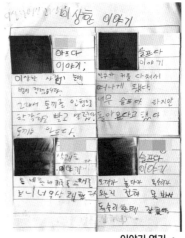

이야기 엮기 •

이제 진짜 『짧은 귀 토끼』를 만난다. 활동을 한 후에 그림책을 들고 읽어주자 아이들은 어느 때보다 집중하여 듣는다. 이야기를 미리 만들어 보고 그림책을 접하니 이런 장점이 있었다.

그림책을 읽은 후 인물의 마음을 짐작하였다. 먼저 토끼의 마음을 짐작하였다. 아이들은 다음과 같이 대답하였다.

- 귀가 짧아서 화가 난다.
- 귀가 짧아서 괴롭다.
- 엄마가 '귀가 특별하다'고 이야기해줘서 좋다.
- 빵을 만들 때 실수를 해서 어이없다.
- 독수리가 잡아갈 때 무섭다.
- 독수리에게 잡혀서 슬프다.
- (토끼 귀 빵집을 차린 후) 아기 독수리가 토끼 귀 빵을 맛있게 먹어서 뿌듯하다.
- 빵집 장사가 잘돼서 뿌듯하다.

인물의 마음을 짐작하여 발표한 내용을, 이야기가 전개된 시점에 따라 구분하여 각각 다른 위치에 적었다. 모두 정리한 후 분명히 생각해 볼 여지가 있는 부분인데 빠진 부분이 있어 아이들에게 물었다. 동동이가 빨래집게, 귀에 물 주기 등 다양한 방법으로 귀를 길게 만들기 위해 노력한 부분에서 어떤 마음을 느꼈을지 물었다. 아이들은 '화나다', '이상하다', '아쉽다', '짜증나다'라고 이야기하였다. 귀빵을 만든 부분에 대해서는 '자랑스럽다', '멋있다'라고 대답하였다.

이어서 독수리의 마음을 짐작하였다.

- 토끼를 놓쳐서 아쉽다.
- 아기가 맛있게 먹어서 뿌듯하다.
- 토끼를 놓쳐서 실망하다.

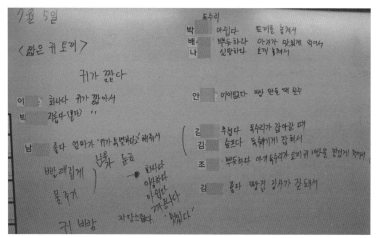

인물의 마음 짐작하기 •

등장인물의 마음을 짐작해보았는데 이대로 끝내기엔 아쉬워서 질문을 만들고 이야기해보는 시간을 가졌다. 아이들은 익숙하게 공책에 질문을 만들어 적는다.

- 왜 동동이 귀는 짧나요?
  - 그렇게 태어나서, 성장이 느려서, 귀가 죽어서, 편식해서
- 빵집은 왜 차렸나요?
  - 독수리 소문 ➡ 성공할 것 같아서
- 동동이는 남자인가요? 여자인가요?

81

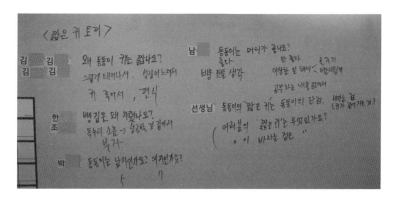

질문 만들고 이야기 나누기 •

아이들의 질문에 대해 이야기 나눈 후 무언가 아쉬운 생각이 들었다.
아이들은 질문 만들고 이야기 나누기에 즐겁게 참여하지만, 교사인 내
가 보기에는 더 많이 생각할 수 있는 질문이면 좋겠다고 느꼈다. 그래
서 다음과 같이 선생님 질문을 적었다.

동동이의 짧은 귀는 동동이의 단점을 말합니다. 동동이가 바라는 점은 귀가
길어지는 것이지요? 여러분의 짧은 귀 즉, 단점은 무엇이고 무엇을 바라나요?

그럴듯한 질문이라 생각했는데 아이들은 자신의 단점을 별로 이야기하지 못하였다. 단점이 없다고 하는 아이들이 많았다. 아무래도 어른인 나와 아이들은 생각이 많이 다른 것 같았다. 단점을 생각하지 못하는 건지도 모르지만, 한편으로는 자신만만하게 살아가는 것인지도 모르겠다. 그런 아이들이 부럽기도 하다.

세상 사는 데에 자신의 단점을 아는 것이 어떤 경우에나 중요할까? 단점을 극복하기 위해 적극적으로 노력하지 않는 이상은, 단점을 인식하지 않는 편이 일견 나을 수도 있겠다는 생각이 든다. 물론 자신의 단점을 인지하지 못하고 무작정 어떤 일에 뛰어들어 어려움을 겪을 수도 있겠다. 하지만 단점에 사로잡혀 아무것도 하지 않는 것보다는 무모하더라도 도전을 해나가는 것이 좋지 않을까?

◉ 수업 전사

'전사하다'는 '말소리를 음성 문자로 옮겨적는 것'을 뜻한다. 그래서 수업을 전사한다는 것은 수업 상황을 그대로 글로 옮기는 것이다. 아무래도 대부분은 수업에서 나왔던 말을 옮겨적은 것이고, 경우에 따라 상황을 간단히 설명해서 적기도 한다. 수업 전사를 위해서는 기본적으로 수업을 영상으로 촬영하고 이를 여러 차례 보고 들으며, 옮겨 적는 과정이 필요하다.

이런 과정에서 평소에는 인지하지 못했던 것들이 눈에 들어오게 된다. 나는 상황에 적절하게 발문하고 매끄럽게 수업을 진행했다고 생각했는데, 실제로는 부족하다는 것을 느끼기도 한다. 또 영상을 보고 있으면 평소 수업할 때는 인식하지 못했던 여러 모습을 발견하게 된다. 아무래도 교사는 한 사람이기에 발문을 하고 대답을 기다릴 때 모든 아이들에게 시선을 주기 어렵다. 수업을 진행한 나는 대부분의 아이들이 수업에 참여했다고 느끼지만, 영상을 보면 수업에 참여하지 않는 순간들이 눈에 들어온다. 그리고 수업 상황에서 다소 소외되는 것은 아닌가 하는 모습을 발견하기도 한다. 물론 수업을 전사할 때 영상에 담긴 모든 내용을 담아낼 수는 없다. 그에 대한 고려와 고민은 수업 전사본을 토대로 한 수업 연구에서 다룰 수 있는 부분이다.

그리고 수업 전사는 그 자체로도 하나의 수업 기록이지만, 수업분석, 수업비평 등의 수업 연구에 활용할 수 있는 기본 재료이기도 하다. 전사 자체는 그저 듣고 기록하는 것이기에 특별히 예시가 필요한 것은 아니라고 여겨 여기서 제시하지는 않았지만, '05 수업 성찰 기록 – 비평적 글쓰기'에서 제시한 수업 비평문에서 일부 찾아볼 수 있다.

수업 연구 사례를 기록하라

수업하며 기록을 남기고 또 글로 써 보는 등의 행위는 자기 개발이 그 목적이다. 책을 쓰는 행위는 자신의 수업기술을 다른 교사들과 나누는 것에도 그 목적이 있지만, 자신의 역량 강화를 위한 것이기도 하다. 그런 점에서 이번 챕터에서 다루는 내용은 의미가 있다. 그저 수업을 기록하는 것을 넘어서, 자신의 발전을 위해서 끊임없이 연구하고 이를 기록하는 자세가 필요하다.

지난 챕터가 일상의 수업 기록이라면 이번 챕터는 조금 더 의미를 부여하는 기록이다. 그날그날의 수업이 그저 개별의 수업에 그치기보다 그것이 모였을 때 더 큰 의미를 갖도록 하는 것이 좋다. 학교, 학생, 교사 등의 요인을 분석하고 의미 있는 방향으로 교사 교육과정을 구성하는 것이 그것이다.

다만 이 단계에서의 기록과 기획이 1년 전체의 기록은 아닐 수도 있다. 처음부터 1년 전체 교육과정을 구성하는 것이 그리 쉬운 일은 아니기에 처음에는 어려울 수 있다. 단원 내 재구성과 같이 가볍게 한 단원 정도 분량을 구성하여 실천하고 기록할 수도 있다. 한 가지 주제에 따라 여러 교과 성취기준을 이용하여 주제 중심 프로젝트를 기획하고 실천 후 기록할 수도 있다. 전체 기획은 사전에 이루어지지만, 실천 단계에서 계획은 변경되기도 한다.

또한 모두 실천한 후 몰아서 기록하기보다는 실천한 내용에 대한 기억이 사라지지 않았을 때 바로 기록하는 것이 좋다. 가장 좋은 것은 당일에 기록하는 것이지만, 그리 쉽지만은 않다.

이번 챕터에서는 '저학년 토의·토론 수업'과 '시 쓰기' 수업에 대한 연구와 성찰의 대한 기록을 예시로 제시한다.

⦿ 저학년 토의·토론 수업

생각해보면 토의·토론 수업은 참 다양하다. 흔히 생각하는 TV 토론회와 같은 유형, 협동학습 등 다양한 수업 구조를 통한 토의·토론 형태를 생각할 수 있다. 또 단순한 형태로는 그저 자신의 생각을 이야기하는 행위도 토의·토론이라고 한다. 이런 이유로 토의·토론에 대해 이야기할 때 각자 머릿속에 그리고 있는 이미지를 실제로 수업으로 구현한다면 그 모습은 꽤나 차이가 클 것이다.

이런 점을 피부로 느꼈던 것이 저학년 학생들의 토의·토론 수업에 관한 생각을 이야기할 때이다. 2016년에 4학년 담임을 맡았던 때의 일이다. 이때는 직전 해에 1학년을 맡았던 1년이 유일한 저학년 담당 경험이던 시기였다. 당시에는 독서교육의 바람이 불면서 하시모토 다케시 선생님의 슬로리딩[5]이 우리나라에 소개되던 시기였다. 그리고 수업에 있어 당시의 트렌드는 토의·토론이라고 생각하기도 했었다. 내가 속해 있던 아이함께연구회 창원지부에서도 이상우 선생님의 『협동학습으로 토의·토론 달인 되기』를 교재로 하여 토의·토론 수업을 연구하였다.

4학년을 맡았던 한해, 협동학습 구조를 통한 토의·토론 수업과 슬로리딩 수업에 힘을 쏟았다. 직전 해에 1학년 담임을 맡기도 했지만, 그이전 3년은 체육 전담을 맡았기 때문에 담임으로서의 수업이 오랜만이었다. 그때 내 나름대로 열심히 수업 연구 및 공개 활동을 하면서 수업의 맛을 알아간다고 생각하기도 했다. 수업을 공개할 일을 많이 만들었고 그때마다 시나리오를 쓰고 밤늦은 시간까지 남아 연습하기도 했다. 또 공개하는 수업이 아니더라도 이따금 평소 수업보다 더 신경 써서 준비하고 그것을 영상으로 촬영해보기도 하였다. 지금은 그 시절에 비해 과연 어느 정도 발전한 부분이 있는지 나로서도 알 수 없어 반성하는 마음이 생기기도 한다.

이듬해 예상치 못하게 2학년 담임을 맡게 되었다. 이왕 맡았으니 저학년 수업에 대해 연구를 하기로 마음먹었다. 이전에 1학년을 맡았을 때, 기존에 알던 수업기술이 무용지물이 되던 아찔한 경험이 떠오르기

·········

5 지금은 '온작품읽기'라든지 '한 학기 한 권 읽기' 등의 명칭이 더 우세하게 자리잡았지만, 그즈음에는 슬로리딩이 더 익숙했다. 물론 각각이 의미하는 바가 조금씩 다르기도 하고, '온작품읽기'는 '슬로리딩'이 널리 알려지기 이전에도 이미 있던 개념이긴 하다.

도 했다. 그런 어려움을 해소하고자 했다. 그리하여 저학년 수업에 관한 나만의 콘텐츠를 마련하여 그것을 책으로 쓰고 싶다는 생각에서 연구를 시작하였다.

이렇게 시작한 저학년 수업 방법 연구는 여러 아이디어를 떠올리고 시도하면서 크고 작은 어려움이 부딪혔다. 내가 지향하는 바는 사고하는 수업이었고, 사고라는 것이 아무래도 언어 능력과 어휘력이 뒷받침되어야 하는데 저학년 학생들은 그런 부분에서 어려움이 있었다. 또 집중할 수 있는 시간이 절대적으로 짧고 1차원적인 욕구에 대한 관심이 큰 시기인 점도 사고하기에 어려움을 갖게 했다. 당시 이런 어려운 점을 아이함께연구회 고문이기도 하고 『수업기술의 정석 모색』, 『어린이가 열중하는 수업에는 법칙이 있다』 등의 저서로 유명한 한형식 선생님께 문의를 드리기도 하고, 교육청에서 주최했던 일본 교사 수업기술 연수회 질의응답 시간에 질문을 하기도 했다. 물론 짧은 문답으로 실질적인 도움을 받기는 어려웠다. 그러나 한형식 선생님의 '사고하는 재미를 알아가도록 하면 된다네'라는 한마디 말씀을 구현하기 위해 내 나름대로 연구하고 정리하여 『교사교육과정, 수업전략을 만나다』를 출간하기도 했다.

비록 저학년 학생이라 하더라도 고학년 수업 한 차시 내용이라면 3차시 정도로 템포를 늦추되 중간중간 점검할 수 있는 장치를 마련한다면, 어려울 것 같은 내용의 수업도 충분히 할 수 있다. 그렇지만 토의·토론 수업에 대해서는 어느 정도 한계가 있다는 생각이다.

토의·토론 수업의 스펙트럼은 꽤나 넓어서 간단히 자기 생각을 이야기하는 것까지 포함한다면 '저학년 교실에서 토의·토론 수업을 한다'

고 말하는 것 자체는 무리가 없을지도 모른다. 물론 저학년 학생이 자기 생각을 이야기하는 것이 그리 쉽지는 않지만, 간단한 수준에서 묻고 답하고, 일상의 일에 대해 함께 이야기 나누는 것 또한 넓은 의미에서 토의·토론 수업이기 때문이다.

그렇지만 '토의·토론 수업'을 하고자 한다면 충분히 의미 있는 대화를 통해 좋은 방안을 찾는 토의, 자신의 생각을 이야기하고 다른 사람의 생각에 논리적으로 반박하는 찬반 토론을 해보는 것을 꿈꾸기 마련이다. 특히나 내가 저학년을 맡기 직전 해에 4학년을 맡으면서 수업 연구에 힘썼던 때 주로 했던 것이 논쟁점을 찾아 자신의 생각을 이야기하고 다른 사람의 의견에 반박하며 자기 의견을 이야기하는 형태의 토의·토론 수업이었기에, 저학년을 맡아서 수업을 진행할 때 어렵거나 아쉬운 점이 분명 있었다.

이 글이나 내 연구에서 아주 획기적인 방안이나 해결책을 제시하지는 못한다. 수업전략이나 기술을 아무리 잘 적용한다고 해도 발달단계에 따른 한계점은 있다. 발달단계 이상의 어떤 것을 무리하게 기대하는 것도 욕심일 것이다.

그러나 토의·토론 수업을 시도하는 것이 무조건 욕심으로만 치부할 것은 아니다. 아직 자기중심성이 강하지만 2학년 아이들은 서서히 다른 사람을 인식하고 그 관계 속에서 배워가기 때문에 자기 생각과 다른 사람의 생각을 알아볼 수 있는 토의·토론 수업이 필요하다고 생각한다. 부족하면 부족한 대로 완전하지 않으면 완전하지 않은 만큼이라도, 지속적으로 시도하면 분명 발전이 있다.

여기서는 몇 가지 사례를 소개하는 정도로 이야기하려 한다.

자기 생각 표현하기

사고와 학습의 시작은 자신의 관점이나 생각을 갖는 것에서부터다. 어떤 주제나 문제에 대해 자신의 관점을 갖는다는 것은 그것이 의미로 다가오는 것이다. 세상의 모든 존재와 사물은 그저 물리적인 실재로만 존재하는 것이 아니다. 객관적인 실재 외에도 다양한 관점에 따른 인식을 통해 구성되고 마침내 의미를 갖는다. 그런 점에서 개인의 인식은 중요하다. '자신의 생각을 갖는다'는 것은 세상을 이해하고 탐구하는 첫걸음이다.

토의·토론 수업을 포함한 모든 수업의 기본은 자신의 생각이나 관점은 갖는 일이다. 토의·토론 수업의 가장 기본적인 형태도 자신의 생각을 갖고 이를 표현하는 것이다. 앞서도 이야기한 것처럼 토의·토론 수업의 스펙트럼은 꽤나 넓다. 자기 생각을 표현하는 방법은 그중 가장 기본적인 형태다. 가장 쉽게 할 수 있는 방법은 공책으로 자기 생각을 표현하는 방법이다. 그리고 이를 이용하여 짝과 서로 확인하기도 하고 짝과 번갈아 이야기하는 짝 토의·토론도 있다. 그리고 우리 교실에서는 종종 자신의 생각을 개인 칠판이나 이면지에 적어 칠판에 붙이는 것으로 전원이 발표하기도 한다. 이를 마인드맵 형태로 분류하기도 하고 비슷한 것끼리 모아 분류하고 소거법[6]을 거친 후 본격적인 토의·토론으로 나아가기도 한다.

·········

6 한형식 선생님의 『수업기술의 정석 모색』에 나온 수업기술로 칠판에 적은 여러 대상을 분류한 후 가장 정답이 아닌 것 같은 것부터 하나씩 지워나가는 방법이다.

저학년 교실, 본격적인 토의·토론을 시도하다

그런데 이렇게 자기 생각을 간단하게 발표하는 것도 토의·토론 수업이라고 여긴다면 실상 토의·토론 수업이 아닌 것이 그리 많지 않을 것 같다는 생각도 든다. 또한 내가 바라는 수업은 더 깊은 이야기를 나누는 것이다 보니 조금 더 본격적인 형태의 토의·토론 수업을 추구하게 되었다.

우선 하브루타 질문 만들기 수업이다. 질문을 만들고 이야기 나누는 것은 자신의 생각을 이야기하는 기본적인 형태가 되기도 하고, 때로는 서로의 생각을 주고받는 토의·토론이 되기도 한다. 우리 반에서는 그림책, 시, 이야기 글, 소개하는 글 등 다양한 종류의 글이나 책을 읽고 질문을 만들고 이야기를 나누었다. 저학년 교실이라 깊이 있는 질문과 이야기 나누기는 쉽지 않지만, 자신의 이야기를 나누는 일에 적극적으로 참여하는 태도는 장점으로 작용하였다.

그리고 가끔 그림책을 읽다가 자신의 의견을 정하고 이를 이용해 토론하는 수업을 시도하기도 한다. 4학년 학생을 대상으로 수업할 때 경험한 토론과는 비교하기 어렵지만, 적극적으로 자신의 생각을 말하고 수업에 빠져든다는 점에서는 긍정적이었다.

다만 열심히 발언하는 것 같은데 같은 말만을 반복하고 있다든지, 근거 없이 주장만을 말하는 등 몇 가지 면에서 한계는 분명하여 나로서는 여전히 아쉬웠다.

이야깃거리에 대한 고민

이따금 아이들과 특정한 주제에 대해 이야기 나누고 싶은 때가 있다. 프로젝트 도입 단계에서 아이들의 생각을 반영하거나 아이들 특성에 맞는 방향으로 프로젝트를 디자인하기 위한 경우가 대표적이다. 저학년 교실이라 대체로 기대한 바가 충족되는 경우는 그다지 많지 않지만, 가끔 아이들의 아이디어가 반짝이는 순간이 있다. '동네 한 바퀴' 프로젝트 때 우리 동네 설명서를 만들자는 아이디어가 나온 순간이었다. 그 아이디어 덕에 프로젝트의 목적이 정해졌다. 통합교과 해당 부분 성취기준이 대부분 동네에 관한 것이라 그것을 기본으로 하고 타교과의 활동을 더하여 구성하는 것 외에도, 뚜렷한 한 가지 방향이 정해진 것이다. 반면 2021년 환경 프로젝트를 진행할 때는 생각보다 '이거다'라는 아이디어가 나오지 않기도 했고, 당시 상황이 환경 프로젝트에만 집중할 수 없었기에 아쉬운 면도 있었다.

프로젝트 학습과 별개로 이야기 나누고 싶은 주제도 있다. 이를테면 '공부는 왜 하는가'와 같이 누구나 한 번쯤 생각해보면 좋을 것 같은 주제다. '공부는 왜 해야 하는가'에 대해서는 2019년 아이함께연구회에서 비평적 글쓰기를 할 일이 있었는데 그때 글을 쓰기 위해 아이들과 이야기해보고 동료 교사들과도 이야기한 주제다.

이런 종류의 질문에 대해 대답해 보는 것은 쉬운 일이 아니다. 어쩌면 다른 이가 어떻게 이야기하더라도 그것이 자신에게 의미로 다가오지 않을 수도 있다. 쉽게 답을 찾을 수 없는 질문들은 스스로 그 답의 그림자라도 잡으려고 노력할 때 희미하고 조그만 일부의 상이나마 떠올릴 수 있다. 물론 그것도 자신의 착각인지도 모른다.

어쩌면 진정한 답에 이르기는 거의 불가능할지도 모른다. 그렇지만 이런 질문에 대한 답을 얻기 위한 노력을 멈추면 조금도 나아가지 못한다. 오스카 와일드의 말을 빌려 표현하면 삶의 근본적인 물음에 대답하려고 하지 않는 경우, 우리는 그저 '존재'할 뿐 '살아가는 것'이 아니다.

아이들의 대답은 '꿈을 갖기 위해', '일을 하기 위해', '똑똑해지기 위해', '훌륭한 사람이 되기 위해' 등이었다. 같은 말이라도 깊이 생각하고 말한 것과 그저 말한 것은 차이가 있고 그 말에 대한 인식에서도 마찬가지다. 그런데 이런 점 때문에 아이들의 대답을 가벼이 여기기 쉽다. 물론 가벼운 생각으로 말한 경우가 많겠지만, 진지하게 받아들일 수도 있는 말이다. 지금 생각하면 저 대답에서 나아가, 아이들에게 다른 질문을 던지며 더 깊이 이야기할 수도 있겠다는 생각이 든다. 그때는 '아이들의 생각은 역시 이런 정도구나'라고 생각하고 마무리 지었다. 물론 다른 질문을 던지고 더 이야기한다고 하여도 한 걸음도 나아가지 못할 가능성이 더 크다.

이때의 수업이 아쉬워서 2021년에는 부모님과 집에서 이야기해보면서 생각할 시간을 갖도록 했다. 그런데 다음날 수업에서 느낀 점은 오히려 부정적이었다. 대답은 거의 비슷했는데 아이들이 이유로 든 것이 대부분 '우리 엄마가 그렇게 말했다'였기 때문이다. 어떤 면에서는 아이 혼자 생각한 것보다 못한 결과였다. 깊이 있는 이야기, 동시에 눈높이에 맞는 대화를 하고 오길 기대했는데, 내 의도가 전해지기 어려웠던 모양이다. 어쩌면 너무 어려운 질문이었기에 그랬는지도 모른다.

내가 수업에서 이야기 나눠도 그렇게 만족스럽지 않았는데 가정에서는 더 어려웠을 것이다. 비록 1대1 대화 상황이라도 말이다. 그리고 이런 종류의 질문에서는 부모님의 대답도 그리 특별하지 않았을 수 있다. 또한 이미 언급한 것처럼 이런 질문에는 어떻게 대답해도 타인의 대답이 자신에게 의미로 다가오기가 쉽지 않다.

성찰 및 다음 진행 방향

근본적인 질문은 그 자체에 대해 생각한다고 해도 늘 제자리인 경우가 많다. 그런 경우 조금 더 구체적인 질문을 찾아 스스로 던져야 한다. 다음 시도에서는 아이들 대답에서 새로운 질문을 찾아 더 탐구해 가도록 해야겠다. 물론 저학년 교실에서 자주 경험한 것처럼 십중팔구는 더 나아가지 못할 것이다. 그러나 계속 시도하는 것이 중요하다고 생각한다. 공부를 하는 일에 대해 아이들 자신의 이유를 찾도록 노력하는 것은 중요한 일이다.

관련 있는 이야기를 찾아 활용해 보는 것도 좋을 것 같다. 막연하고 어찌 보면 철학적인 질문이지만, 지속적으로 이야기를 해나가는 것이 중요하다고 생각한다.

📖 시 수업 연구

생소한 장르, 시

시라는 장르는 좀처럼 친숙해지지 않는다. 몇 년 전에 읽은 김용규의 『철학 카페에서 시 읽기』에서 시집을 구입하고 읽는 일에 관한 인상적인 구절이 있어 소개한다.

이제 당신에게 당당하게 묻고 싶습니다. 꽃피는 봄날, 비 내리는 여름날, 낙엽 뒹구는 가을날, 눈 쌓이는 겨울날, 서점에 가서 시집을 안 사면 뭘 사나요?

특별한 구절은 아니다. 어떤 사람은 그저 지나칠 수도 있겠지만, 유독 저 구절을 읽을 때 꽃피는 봄날, 비 오는 여름날, 눈 쌓이는 겨울날의 풍경이 머릿속에 떠오르면서 특별하게 다가왔다. 봄날 꽃잎이 날릴 때, 여름날 세차게 비가 올 때, 때로는 눈이 오기도 하는 그런 날, 서점에 들러 시집 한 권 사지 않으면 달리 무엇을 사겠는가? 어쩌면 시는 특별한 것이 아닌 일상의 나날, 언제든지 편한 마음으로 읽을 수 있는 글의 장르라고 말하는 것 같다.

그러나 좀처럼 쉽게 되지는 않는다. 시를 읽는 것도 그러한데 시를 쓰는 것은 오죽 어려우랴? '시'라는 장르가 생소하기에 쓰는 것도 어렵다. 학창 시절에 시를 감상하는 것이 아니라 시를 정답이 정해진 어떤 수수께끼 같은 것으로 공부해서 그런 것일까? 시를 읽으며 어떤 생각을 해보지만, '이것 말고 다른 심오한 뜻이 담겨 있는 것은 아닌가'하는 생각에 스스로 위축되고 시를 즐겨 읽지 못하게 된다.

반면 어린이 시는 편하게 읽는다. 어린이 시는 아이의 삶을 솔직하게 담고 있다. 한국글쓰기교육연구회에서 발간한 『올챙이 발가락:창간준비호』를 시 수업에 많이 활용한 편이다. '늦잠'이라는 시에서는 늦게 일어나 밥을 못 먹고 갈 것 같아 엄마에게 이야기하니 '실컷 먹고 지각해 버려'라는 이야기를 구수한 사투리로 담아낸다. 또 엄마에게 혼나게 되었는데 오빠가 동생에게 자기 뒤에 숨으라고 하면서 대신 혼나는 장면을 담은 시를 보면 아이들의 삶이 가감 없이 솔직하게 드러난다. 그러한 솔직함이 어린이 시를 가치 있게 만든다. 잘 적으려고 억지스러운 표현을 쓰다 보면 무엇을 표현하려는지 모호해진다. 삶은 없고 표현만이 남아, 속은 없고 껍데기만 남는 꼴이 되고 만다.

시 쓰기 수업, 첫걸음을 내딛다.

2016년 경남초등국어교과교육연구회에서 일할 때 『쫀드기 쌤 찐드기 쌤』, 『그럼 전 언제 놀아요』, 『내 맘처럼』 등 여러 시집을 내신 최종득 선생님 강사로 모시고 연수를 개설한 적이 있었다. 그 이전에 나에게 시 수업은 교과서 동시로 1년에 몇 차례 접하는 특별할 것 없는 여러 수업 중 하나였다. 이 연수를 통해 '시 수업'에 대해 새롭게 인식하게 되었다. 이후 한국글쓰기교육연구회 연수를 몇 차례 듣고 2018년부터 나도 아이들의 시 쓰기 수업에 관심을 갖고 실천하려고 했다.

그즈음 온작품읽기에 관한 책을 몇 권 구입해서 읽었는데 시집 온작품읽기 사례도 있었다. 여러 시집 읽기, 한 권의 시집 온작품읽기, 교사가 만든 시선집 온작품읽기 등 다양한 사례가 있었다. '이런 날은 시 읽기 딱 좋은 날이야'라며 가을에 관한 시를 읽고 또 시를 쓰는 이야기, 각자 시선집을 만든다는 이야기가 기억에 남았다.

거기서 힌트를 얻어 나도 시 수업을 시작했다. 2년간은 비슷한 패턴으로 수업을 하였다. 2학년 1학기는 시선집 만들기, 2학기에는 시집 온작품읽기와 시 쓰기 정도로 큰 그림을 그렸다. 저학년 교과 성취기준이 대체로 그러하지만, 시에 대한 성취기준도 포괄적인 내용이라 활동 구성에 커다란 제약은 없다.

1학기 시선집 만들기는 시와 친해지는 단계다. 2학년 아이들은 시라는 장르가 생소하다. 시를 공부하는 듯이 접할 것이 아니라 자연스럽게 시집을 통해 접하는 것이 좋겠다고 생각했다. 그동안 틈틈이 구입한 시집이 아이들에게 각자 한 권씩 돌아갈 정도는 되었다. 아이들에게 각자 한 권씩 나눠주고 시집 읽는 시간을 가졌다. 그렇게 시집 읽는 시간을 충분히 가진 후 자신이 읽은 시집에서 가장 마음에 드는 시 하나를 골라 시를 쓰고 어울리는 그림을 그렸다. 이렇게 완성한 시화를 스캔하여 소책자 인쇄하기로 우리 반 시선집을 만들었다. 표지는 각자 그리도록 하여 자신만의 표지를 가진 시선집이 완성되었다.

다음 시간에는 자신이 정한 시를 모둠에서 나누었다. 각자 낭송하고 그 시를 자신의 시로 정한 까닭을 이야기했다. 그런 과정을 거쳐 모둠의 시를 정한 후 A3 용지에 시를 쓰고 어울리는 그림을 그렸다. 모두 완성되면 모둠의 시를 친구들 앞에서 낭송한다.

다음 시간에는 모둠의 시를 통해 모둠별로 대본을 만들어 친구들 앞에서 역할놀이를 하였다. 그때 곤란한 것이 가만히 식물을 관찰한 경험을 표현한 것을 모둠의 시로 정한 경우다. 역할놀이를 할 만한 이야기가 부족하다. 그런 경우 식물을 의인화하여 표현하거나 관련한 이야기를 만들어 내도록 하였으나 그것이 어려운 경우 다른 시를 이용하도록 하였다.

2학기에는 한국글쓰기교육연구회에서 발간한 『올챙이 발가락:창간 준비호』를 온작품읽기로 감상하였다. 1학기와 같은 형식으로 각자 시집을 읽고 자신의 시, 모둠의 시를 정하고 역할놀이를 하였다. 그리고 2학기에는 직접 시를 쓴다. 비 오는 날 학교를 둘러보며 시 쓰기, 놀이 활동을 한 후 시 쓰기 등 몇 차례 시 쓰는 시간을 가졌다. 그리고 각자 한 편씩 시를 쓰는데 이때 그동안 자신의 경험과 그때의 마음을 적은 마음일기, 부모님과 함께 했던 마주이야기 등을 참고하도록 했다. 아이들이 시를 쓰고 그림을 그리면 그것을 모아 스캔하여 소책자 형태로 인쇄한다. 이렇게 우리 반 시집을 완성하는데, 1학기와 마찬가지로 표지는 각자 그린 표지를 활용하였다.

때때로 아이들의 이야기에 귀를 기울이다가, 그것을 글로 옮기면 시가 되기도 한다. 급식소에서 몇몇 아이들이 슬그머니 다가와 옆에서 밥을 먹으면서 했던 이야기, 비 오는 날 우산을 쓰고 야외 수업을 할 때 아이들이 한 이야기를 글로 옮기면 시가 되었다.

시 쓰기 수업, 깊이 있는 감상으로 나아가다.

2020년에 『교사교육과정, 수업전략을 만나다』 원고를 마무리하고 맞이한 2021년에는 다른 프로젝트의 비중은 줄이고 그림책과 시 수업에 더 중점을 두기로 했다. 2학기에는 글밥이 꽤나 늘어난 동화책을 통해 온작품읽기를 했지만, 2021년에는 이전에 온작품읽기에 활용했던 성취기준을 이용하여 그림책과 시 수업을 구성하기로 했다. 그리고 여기서는 시 수업에 대한 것을 소개한다.

기존에 모둠의 시를 정하고 역할놀이를 하는 것도 좋긴 한데 모둠에서 정한 시에 대해 더 깊이 이야기하고 감상하지는 못하여 다소 아쉬웠다. 그래서 2021년에는 모둠의 시를 정한 후에 시간이 날 때마다 각각의 시를 함께 읽고 시에 대해 이야기 나누었다. 인물의 마음을 짐작하기도 하고 질문을 만들어 상황을 더 자세히 이해해 보기도 하였다.

그동안 일주일에 한 번, 아침 시간에 시를 쓰고 함께 소리 내어 읽어 본 후 시화를 그리기도 했다. 하지만 시를 감상한다기보다는 쓰고 그리기에만 집중하는 모습이었다. 그런데 시에 등장하는 인물에 대해 이야기하고 질문을 만들어 이야기하는 과정은 그런 답답함을 해소해 주었다. 다만 매번 유사한 방식으로 진행하는 수업의 틀을 벗어나 자유롭게 이야기 나누는 방향에 대해서도 다양한 시도가 필요할 것 같다.

그동안 시 쓰기 수업을 하던 중에 아이들의 시가 자신의 삶을 담고 있는지 의문이기도 했다. 다른 관점에서 표현하면 아이들이 그런 시를 쓸 수 있는 수업을 내가 하고 있는지 의문이었다. 매년 1학기에는 시선집을 만들고 2학기에는 몇 차례 시를 쓰고 소책자 형태의 시집을 만들긴 했지만, 무언가 시 쓰기의 본질에 다가가지 못하고 있는 느낌이었다.

자신의 솔직한 마음을 담아 자유롭게 쓰도록 하는 것과 형식을 익혀 쓰는 것 두 가지 갈림길에서 다소 방황하고 있었다. 저학년 학생들은 자신의 생각을 솔직하게 쓸 수 있는 면에서는 유리하지만, 시라는 장르와 그 형식적 특징에 대해서 아는 것이 적다. 그렇다고 형식을 가르치고자 하면 솔직한 생각을 쓰지 못하거나 시 쓰기에 흥미를 잃을 수 있다. 형식은 시간이 가면 자연스럽게 익힐 수도 있지만, 순간의 생각이나 감정은 그때가 아니면 포착할 수 없다. 그래서 '형식에 관한 학습을 강조하기보다는 생생한 삶의 경험을 찾도록 하는 데 주력하는 것이 좋지 않을까'라고 이야기하는 편이었다. 그러면 주변에서 '그래도 형식을 가르쳐야 할 것 같다'는 조언의 말을 듣기도 했다. 물론 대부분 '삶을 담은 내용이 더 중요하다'는 입장이긴 했다.

그래서 어린이 시를 되도록 많이 접하는 방향으로 가닥을 잡았다. 많은 시를 접하면 형식도 자연스레 익히게 되리라는 생각에서였다. 시를 읽고 함께 이야기한 후 자신의 경험을 시로 쓰는 방향으로 수업을 진행하였다.

우선 저학년용 줄공책을 준비하도록 하고 시 공책이라고 불렀다. 시 쓰기 수업을 하면 우선 어린이 시 하나를 골라 칠판에 적었다. 아이들은 시 공책 한 페이지에 그 시를 따라 적었다. 그리고 앞서 소개한, 모둠의 시를 감상하던 방법과 마찬가지로 인물의 마음이나 상황에 대해 이야기 나누는 시간을 가졌다. 질문을 만들어 이야기 나누기도 하고 비슷한 경험에 대해 이야기하기도 하였다. 감상의 과정이 끝나면 시 공책 옆 페이지에 자신이 직접 시를 쓰도록 하였다.

처음에는 시를 쓰는 것이 익숙하지 않아 일기 쓰듯 써오는 경우가 많았는데, 아이들이 시를 써서 가져오고 내가 피드백하는 과정을 거치면서 차츰 나아졌다. 그 차이는 시적 표현이나 운율 등을 나타내는 것이 아니다. 일기와 달리 짧은 시가 주는 미묘한 울림과 시의 맛이 그것이다. 물론 이것을 아이들에게 일깨워주고 실제 그렇게 쓰도록 하는 일은 쉽지 않다.

이 외에 내용 면에서도 아이들은 자신의 생생한 경험이 충분히 있는데 이를 글로 표현하지 못하는 경우가 많다. 이런 경우 아이들이 써온 시를 보면서 함께 이야기 나누다 보면 더 생생한 이야기가 나오게 된다. 이런 방법으로 아이들은 시를 가다듬었다.

처음에 써 와서 이야기 나누고, 또 고쳐오고 그러기를 몇 차례 반복하는 일을 모든 아이의 수만큼 해야 하는 것은 쉬운 일이 아니었다. 또 처음 몇 번 이 과정을 접할 때 아이들은 이것을 '통과/미통과'의 의미로 받아들이기도 하였다. 시를 쓰는 주체는 아이들인데 '통과/미통과'를 내가 결정하는 것과 같이 되지 않도록 해야겠다는 생각이 들었다.

또 고민되는 지점은 '시는 아이들이 쓰는 것이므로 내가 개입을 하면 시가 아이들 자신과 멀어지게 된다'는 점이다. 그런 부분을 경계하며 이야기하니 다소 답답한 마음도 들었다. 이런 이유로 아이들의 시를 살펴보고 피드백 주는 일은 초반에 몇 차례만 하고 이후에는 아이들이 온전히 쓰도록 하였다.

아이들의 시를 피드백하며 아이들의 경험을 끌어내는 것도 분명 필요한 일인데 그 기술을 가다듬는다든지, 비록 속도가 늦더라도 다양한 시를 접하는 것으로 대신해야 할지는 여전히 고민스럽고 앞으로도 생각해봐야 할 문제다.

새로운 고민을 남겼지만 이렇게 시를 최대한 많이 감상하고 자신의 시를 쓰되, 그 과정에서 나와 이야기를 나누며 완성하는 과정은 시 쓰기 수업에 큰 진전을 가져다주었다.

우리 속의 이야기, 학급 비전의 영감을 얻다.

'우리 속의 이야기'는 우리 반 소식지 '계간 우리반'의 4번째 특별판 주제이다. 이 특별판은 우리 반 시집이기도 하다. 시집이나 문집은 신규 때부터 한 번은 해보고 싶었는데 막상 실제로 시도하지 못하였다. 소책자 형태의 아이들 작품 묶음은 여러 차례 만들어서 나눠준 바가 있지만, 100페이지만큼의 작품을 묶어 인쇄소를 통해 시집을 만든 것은 처음이었다.

막상 해보니 그리 어렵지 않게 할 만한 작업이었다. 그리고 그 과정에서 '우리 속의 이야기'를 우리 반의 비전으로 삼기로 했다.

저마다 가슴속에 간직한 자신의 이야기, 그것들은 다른 사람과 서로 연결된다. 그런 연결이 거미줄같이 복잡해지면 하나의 세상이 만들어진다.

'계간 우리반 3호 - 동네 그리고 사람'에서 아이들이 동네를 살펴본 후 적은 시를 소개할 때 적은 내용이다. 이것이 시작이었다. 이때의 아이디어에서 비롯하여 '우리 속의 이야기'는 우리 반 시집의 제목이 되었고, 나아가 우리 반의 비전이 되었다.

그 외에도 우리 반 시집 '우리 속의 이야기'는 내가 아이들이 쓴 시를 더 깊이 읽는 기회를 가져다주었다. 그동안 아이들의 시 공책을 보며 시 쓰기 수업을 했지만, 몇몇 외에는 아이들의 시를 기억하지 않았고 음미할 여유도 없었다. 그런데 우리 반 시집을 완성하고 이를 찬찬히 살펴보는 과정에서 아이들의 마음을 읽을 수 있었다. 아이들의 생활에 한 걸음 더 다가갈 수 있었다. 1월 초 종업식 일정에 쫓겨 간신히 종업식 하루 전날 오후에 시집을 받을 수 있었기에, 아이들을 떠나보낸 이후에 다가간 한 걸음이지만 말이다. 이런 경험은 새로운 깨달음을 주었다. 시 쓰기 수업은 아이들의 삶에 다가가는 한 걸음이라는 것을.

시 쓰기 수업 그리고 아이들의 시를 음미하는 일 그것보다 더 중요한 것이 그리 많지 않겠다는 생각도 들었다.

04

평범한 일상 속의 특별한 기록

– 에세이

최근 대형 서점 매대를 차지하고 있는 책 중에는 에세이집이 상당한 지분을 갖는다. 책 쓰기 열풍의 중심에도 에세이가 자리 잡고 있다. 사람들이 쉽게 접근하기 좋은 장르이기도 하고 독자층도 비교적 넓기 때문이다.

교사는 수업에 관한 책을 쓰는 경우가 더 많을 것이라 생각하지만, 교육에 관한 이야기라든지 자신의 이야기나 아이들과 생활하며 겪은 일, 수업에 관한 성찰 등을 담은 에세이를 쓰기도 한다. 처음부터 책을 쓰겠다는 마음으로 목차를 정하고 에세이를 쓰기 시작할 수도 있겠지만, 이따금 머리를 스쳐 지나가는 생각들을 글로 쓰기도 하고, 매일 교단 일기를 쓸 수도 있겠다. 또 가끔은 학교에서 만들어 내는 책자 제작에 필요한 원고를 제출하기 위해서 학년 교육과정 운영에 관한 글을 쓸 수도 있다.

여기에서 소개하는 글은 책을 쓰겠다는 생각과는 별개로 작성한 것들이다. 그렇기에 일정한 방향을 정하고 그에 맞춰 적은 글의 모음이 아니다. 수업이나 학급 운영의 특정 분야에 대해 생각하거나 연구한 것, 생활 속 이야기 등을 자유롭게 기록한 것도 있고, 학교에 제출하는 용도로 작성한 글도 있다. 이런 다양한 글이 여기저기 흩어진 채 그저 글로만 존재할 수도 있겠지만, 책의 원고로 활용될 수도 있음을 보여 주는 사례가 될 수도 있겠다.

⑩ 교단일기 - 교육에 관한 유쾌한 상상

(2022. 3. 13.) 포스트잇

영화나 예능 프로그램에서 벽면을 포스트잇으로 빼곡하게 채운 광경을 본 적이 있다. 예능에서는 그중 하나를 선택해서 대화나 미션의 주제를 고르는 경우였던 것 같고, 영화에서 등장했다면 호러나 미스테리 장르의 영화가 아니었나 싶다.

TV 프로그램 대화의 희열에 소설가 김영하가 게스트로 나왔을 때도 포스트잇으로 가득 찬 방을 언급한 적이 있다. 글의 소재나 아이디어에 대해서 이야기하며, 작가라면 누구나 포스트잇으로 가득한 방에 들어가서 '오늘은 이거다' 하며 수많은 아이디어 속에서 글감을 고르지 않느냐는 말이었다. 옆에 있던 동료 소설가 김중혁이 부러운 듯한 반응을 보이자 농담이라고 하긴 했지만, 김영하 작가나 김중혁 작가라면 '실물은 아니더라도, 포스트잇을 대신할 다른 장치를 통해 아이디어를 수없이 많이 보유하고 있지 않을까' 하는 생각도 들었다.

'포스트잇'은 김영하 작가가 2002년에 출간한 산문집의 제목이기도 하다. 포스트잇이라고 이름 붙인 장도 있다. 책에 있는 다른 글들과 달리 여기는 길어야 2페이지를 넘지 않는 글이 모여 있고, 한두 줄짜리 짧은 글도 있다. 본격적인 글을 위한 아이디어로 기록해 둔 것 중에서 선별하여 책에 실은 것 같기도 하다.

나도 문학적인 글을 쓰고자 하는 소망이 있기에 이런 아이디어 모음을 마련하면 좋겠다고 느낀다. 그것이 실제 포스트잇이어도 좋겠지만, 아무래도 잘 떨어져서 감당하기 어려울 것 같다. 그에 비해 내가 매일 끄적이듯이 적는 일기 같은 글이 이에 해당할지도 모른다. 그런데 아무래도 그런 식의 기록은 후에 따로 정리하지 않는 이상은 개별 아이디어를 찾기가 참 어렵다. 실제로 나도 지나간 글을 다시 본 적이 거의 없다. 끄적이듯이 쓴 메모에 가까운 글이라 그 자체로 완성도를 갖지는 못하기에 다시 꺼내어 활용할 수 없다면 그저 묻혀서, 다시 찾아주기를 기다리는 신세밖에 되지 못할 것이다.

문득 글쓰기에서만이 아니라 수업에도 이렇게 '포스트잇으로 가득한 방 하나쯤 가지면 어떨까?' 하는 생각이 들었다. 그것이 실제 포스트잇이든, 상징적인 의미에서든 말이다. 생각해보면 연구회에서 협동학습 구조와 다양한 모둠·학급 세우기 구조들을 공부하던 때에는 수업에 활용할 재료가 상당히 많다고 느꼈다. 예상하지 못한 상태에서 들어가는 보결 수업 한두 시간 정도는 그런 것들을 활용하면 되기에 든든한 마음도 들었다. 그런데 자주 활용하지 않으면 멀어지는 것일까? 지금은 그때와 같지 않다. 어쩌면 내가 지향하는 수업의 방향이 달라져서 그런 것인지도 모르겠다. 사고력을 높이는 수업은 그저 구조를 잘 활용하는 것만으로는 부족하니 말이다.

생각해보면 2학년 담임을 연속하여 맡았던 시기, 그리고 그때 실천을 토대로 책 원고를 완성하고 맞이한 해에 또 2학년을 맡았던 시기에는 '포스트잇'으로 가득한 방을 가졌던 건지도 모르겠다. 그런데 올해는 다른 학년이다. 새로운 포스트잇으로 바꾸든지 지금 학년에 맞는 새로운 내용을 추가해야 하는 상황이다. 어떤 종류의 수업 재료는 학년을 초월하기도 한다. 약간의 변형을 통해 각 학년에 맞게 바꿔가며 활용할 수 있을 것이다.

물론 새로운 포스트잇으로 벽을 채워가는 것이 가만히 있는다고 되는 일은 아니며, 쉽지만은 않을 것이다. 이제 새로운 시작이다. 이왕이면 다양한 학년과 상황에 활용할 수 있는 자산을 만들어 가는 게 좋겠다.

(2022. 3. 15.) 수업으로 소통하는 세상

2020년이던가? 소설가 장강명의 에세이 두 권을 읽었다. 『책 한 번 써봅시다』와 『책 이게 뭐라고』였다. 전자는 책 쓰기에 관한 내용인데 작법서라기보다는 에세이에 더 가깝다. 후자는 장강명과 요조가 함께 진행했던 팟캐스트 이름과 동일한 제목이 눈길을 끈다.

둘 중 어느 책이었을까? '책으로 소통하는 사회를 꿈꾼다'는 내용이 기억에 남는다. 어쩌면 두 권 모두 이를 언급하고 있었을지도 모르겠다. 사실 얼마 전에 장강명의 유튜브 영상을 보다가 『책 이게 뭐라고』가 언급된 영상을 보며 '신간이 나왔나?'하는 생각에, 도서관에서 대출하여 첫 장을 펼치고 나서야 2020년에 이미 읽었던 책이란 걸 깨달았다. 2020년에 장강명의 에세이 두 권을 읽었는데, 나는 『책 한 번 써봅시다』한 권만을 읽었다고 착각하고 있었다. 두 책에서 본 각각의 내용을 그 한 권에서 본 내용이라 생각하고 있던 참이었다. 그러니 '책으로 소통하는 사회'라는 생각도 두 권 중 어디에서 나왔는지 떠올리지 못할 만하다. 내 책 읽기가 깊지 못한 탓이다.

어쨌거나 '책으로 소통하는 사회'에서 '수업으로 소통하는 세상'으로 살짝 바꿔보았다. 사실 이 아이디어는 올 2월에 적은 수업 비평에 관한 글에서 파생된 것이다. '수업을 하나의 예술로 본다면 수업으로 소통하는 세상도 가능하지 않겠는가?'라고 생각이 자연스럽게 이어졌다. 물론 '수업을 하나의 예술'로 보는 것의 온당함에 대한 판단과 별개로, 교사들에게 '수업이 하나의 예술일 수 있다'는 것이 일반적인 인식으로 다가와야, 가능성이나마 생각해볼 수 있다. 그러기에 이 글은 상당 부분 과장과 상상이 가미된 글임을 먼저 밝힌다.

'수업으로 소통하는 세상'에서 '세상'에 대한 개념을 어떤 것으로 봐야 할지가 먼저다. 그야말로 우리가 사는 이 세상이라면 상당히 흥미 있는 상상이 될 것이다. 교사의 수업이 하나의 예술 장르가 된다면 때때로 교사가 학교를 벗어나 열린 공간에서 수업을 하고, 그럴 때면 일반 사람들이 수업을 체험한다. 또 학생을 대상으로 수업을 하는 것을 관객들이 관람하기도 한다. 사람들은 그 수업의 예술성에 대해 각자의 생각을 이야기하고, 때로는 다소 거친 말투로 토론할지 모른다. 어떤 교사는 뛰어난 수업 디자인을 자랑할 것이고, 또 어떤 교사는 마치 낭만주의 음악가 리스트의 화려한 피아노 연주에 대중이 열광한 것처럼, 화려한 수업 기술과 수려한 외모로 대중을 매료시키며 아이돌과 같은 인기를 얻을지도 모른다.

물론 그 형태의 유사함을 생각하여 일반 사람들이 강의를 듣는 것이라든지, 학부모가 공개수업을 참관하는 것을 보면 이미 존재하는 것이 아닌가 생각할 수 있다. 그렇지만 수업이란 것은 기본적으로 교사와 학생 사이의 일상적인 일인 반면, 강연은 길게 지속되지 않고 그 대상이 명확하게 특정되지 않기에 앞서 내가 제시한 내용과는 차이가 있다. 또 공개수업은 수업의 예술성보다는 '자녀가 어떻게 공부하는가'가 중요한 부분이기에 엄연히 차이가 있다.

세상을 '학교'라고 한정하면 조금 현실적인 상상이 된다. 교사들은 자신의 예술성을 십분 발휘하여 열정적으로 수업을 한 후 학년 회의 시간에 하나의 주제를 어떤 식으로 수업에서 풀어 나가는지에 대해 토론한다. 그리고 부장회의나 전 교직원 회의에서는 업무나 감염병에 대한 것이 아닌, 수업에 대해 이야기한다. 수업은 예술 행위이기에 모두 눈을 반짝이며 관심을 보인다. 어떤 교사는 동료 교사 수업의 예술성에 감동받아 눈물을 보이기도 한다.

다소 과장되긴 했지만, 후자의 모습이 우리가 진정 추구해야 하는 학교의 모습이 아닐까? 언제부턴가 회의는 가기 싫은 것이 되었다. 더구나 올 3월에 참가하는 회의에서는 코로나19에 대한 대응이 주를 이룬다. 코로나19 확진이나 유증상으로 학부모와 연락할 일은 밤과 주말에도 계속된다. 코로나19 이전에도 수업에 관한 논의 보다는 업무 이야기가 회의의 주된 이야깃거리였다. 이런 현실이지만, 우리는 수업으로 소통하는 세상을 꿈꾸어야 하지 않을까?

📍 에세이 – 교사의 삶으로 대답하기

> 산다는 것은 세상에서 가장 드문 일이다.
> 대다수 사람들은 그저 존재할 따름이다.
>
> -오스카 와일드

산다는 것과 존재하는 것의 차이는 무엇일까? 이것은 어쩌면 의미에 관한 이야기일지 모르겠다. 외부의 흐름에 부유하듯 살아가는 것이 아니라 자신으로서 사는 것, 그럼으로써 어떤 의미를 추구하는 것, 자신의 삶이 어떤 의미를 갖는지 고민하며 사는 것이라 할 수 있지 않을까?

우리는 교실에서 아이들을 만나고 수업하고 퇴근한다. 퇴근 후에는 즐거움과 휴식을 추구한다. 즐거움과 휴식은 왜 추구할까? 즐거움 자체를 위해서일 수도 있고, 다음날 또 일을 하기 위한 힘을 얻기 위해서일 수도 있겠다. 그런데 일은 왜 할까? 돈을 벌기 위해서? 돈은 어떤 의미가 있을까? 여러 질문이 꼬리에 꼬리를 물고 이어진다.

그런데 어쩌면 나는 답을 정해놓고 이 글을 쓰고 있는지 모른다. '의미 있는 어떤 것을 추구하는 삶'이 그것이다. 의미를 추구하는 데에 돈은 관련이 적다. 물론 돈이 있어야 행동에 제약이 줄어들기에 중요한 요소인 것은 부정할 수 없다.

하지만 자신이 추구하는 의미가 꼭 돈을 벌어다 주는 일이 아닐 수 있다고 생각이다. 그런 점에서 꿈은 신념이나 가치의 문제이지 반드시 직업을 뜻하는 것은 아닐 것이다.

의미를 추구하는 삶, 그것은 '왜 사는지', '삶의 목적은 무엇인지'에 대한 대답일 것이다. 그런 종류의 질문은 오로지 삶으로써만 진정한 대답이 가능하다. 신념이나 가치를 이야기하는 것만으로는 그 의미를 온전히 담아낼 수 없다. 인간의 언어는 실제와 거리가 있기 때문이다. 삶의 why를 진정으로 가슴에 품고 사는 사람 자신은 어렴풋이 이해할 테지만, 그것을 말로 설명하기에는 언어의 한계가 명확하다. 언어는 그릇이며, 언어로 표현하는 것은 실제 대상의 외형만을 이야기하는 것에 불과하다.

달리 생각하면 삶으로 살아내기 이전에 미리 말로써 표현한다는 것 자체가 완전한 것이 아니다. 결국 삶으로써 대답하는 수밖에 없다.

다시 시작점으로 와서 '우리는 왜 교사로서의 일을 하는가'에 대한 대답도 우리의 삶으로써 대답하는 수밖에 없다. 물론 자기의 이유를 찾기 위해 끊임없이 고민하고 성찰해야 한다. 주변에서 옳다고 이야기하는 가치가 아니라 자기 내면의 목소리를 따르는 삶. 그것이야말로 그저 교실에 존재하는 것이 아니라 교실에서 교사의 삶을 사는 길이다. 가슴 속에 품은 신념을 살아내는 삶, 한 번 꿈꿔볼 만하지 않을까?

📍 에세이 - 생활교육

미래 교육, 미래의 일인가?

　미래와 관련된 키워드가 어느 때보다 화제가 되고 있다. 가장 처음 화제가 된 키워드는 'AI'였다. 2016년 3월 온 나라를 떠들썩하게 했던 이세돌과 알파고의 바둑 대결. 처음에는 '이세돌 9단이 이벤트성 행사에서 쉽게 상금을 받겠구나'라는 반응이었다. 이미 컴퓨터를 이길 수 없게 된 지 오래된 체스와는 달리 엄청난 경우의 수를 자랑하는 바둑이기에 '아직은 아니다'라는 반응이 대세였다. 그런데 결과는 알파고의 완승. 단 한 경기 이세돌 9단이 이겨서 멋진 포즈를 취하기도 했지만, 결국 인간은 바둑으로 AI를 이길 수 없었다.

　다음 키워드는 우리 민주주의의 성숙함을 전 세계에 알린 촛불집회 이후 새로운 대통령을 선출하기 위한 제 19대 대통령 선거를 통해 널리 알려지기 시작한 '4차 산업혁명'이다. 2016년 초 스위스 다보스에서 열린 세계경제포럼에서 클라우스 슈바프 회장이 2016년의 화두로 던지면서 이미 세계적으로 주목을 받았던 키워드이기도 했다.

　그렇게 '미래'는 조금씩 우리 생활 속의 화두로 스며들기 시작하며 언제부턴가 교육에 대한 담론에서 미래 교육에 대한 이야기는 빠지지 않게 되었다. 그리고 '메타버스'라는 새로운 키워드가 화제가 되기도 하고 발 빠른 사람들은 관련 실천을 통해 책을 쓰고 연수를 열기도 한다. 교육감의 말이나 글에도 미래 교육, 빅데이터, AI와 같은 키워드가 빠지지 않고 등장한다.

그렇다면 미래 교육은 어떤 방향일까? 학생 개인별 스마트 기기 보급, AR, VR 활용 교육 등 주로 에듀테크에 대한 것이나 STEAM과 같은 융합 교육이 떠오르기도 한다. 미래 교육 박람회에서 보았던, 구글, 애플, 삼성, LG 등의 기업에서 선보인 기술이나 교육 방법이 떠오르기도 한다. 불과 1~2년 전에는 그야말로 미래의 일이며 당장 눈앞의 일은 아니라고 생각했다. 그런데 어느새 이런 것들이 멀지 않게 느껴진다. 이제는 미래 교육이라는 키워드 자체가 미래의 일인지, 지금 진행되고 있는 일인지, 그 구분이 불분명하다. 미래라고 이름 붙이지만 이미 현재일 수도 있기에 '미래라고 이름을 붙이는 게 온당한가?'라는 생각도 든다. 코로나19 팬데믹 사태 이후 강제된 비대면 생활 방식은 이런 인식을 부추겼다.

결국 생활교육이다.

그러면 우리가 나아갈 길을 어떤 것일까? 두 가지 키워드를 중심으로 이야기하고자 한다. 그 첫 번째 키워드는 '목적'이다. 이는 기술과 밀접한 관련을 갖는 이야기다. 교육의 본질에 집중한다는 핑계로 마냥 새로운 기술을 멀리할 수만은 없다. 언제나 눈과 귀, 마음을 열어두고 새로운 것에 대해 관심은 가져야 한다. 세상은 빠르게 변화하기에 끊임없이 관심을 열어두고 비판적 숙고의 과정을 거쳐야 한다.

그러나 중요한 것은 기술 그 자체가 아니라 '그것을 이용해서 무엇을 할 것인가?'이다. 기술은 수단이지 목적이 아니기 때문이다. 교육의 본질을 추구한다고 말하는 것은 쉽다. 그리고 누구라도 자신의 말에 대한 그럴듯한 근거를 이야기할 수 있을 것이다. 그러나 그것이 모두 옳은 이야기던가? 인간은 완벽하지 않기에 진리의 한 자락만을 잡을 수 있을 뿐이다. 그러므로 교육의 본질을 추구한다는 그 어떤 이야기도 절대적으로 받아들이기만 할 것은 아니다. 이런 점은 지금의 내 이야기도 마찬가지다. 항상 의문을 갖고 탐구해야 한다. 에듀테크에 대해 내가 할 수 있을 하나의 이야기는 기술은 목적이 아닌 수단이라는 것이다.

두 번째 키워드는 '생활교육'이다. 어쩌면 학교 교육에서 가장 중요하게 다뤄야 할 부분이 생활교육일지 모른다. 학교생활을 통해 여러 사람 속에서 살아가는 방법을 배운다. 학교 수업에서도 소통하고 다른 사람을 생각하는 마음을 배운다. 그런 점에서 '생활지도'라는 말로는 부족하다. '생활교육'이라고 부르는 것이 맞다.

사람을 대하는 예의 바른 태도와 올바른 사회적 기술은 과거에도 그랬고 앞으로도 중시될 것이다. 이에 반해 학교에서 가르치는 지식은 시간이 지나면서 조금씩 수정된다. (중략) 사람들에게 상처를 주지 않고 지혜롭게 갈등을 해결하는 능력은 세대를 거치는 동안 그 중요성이 조금도 달라지지 않았다.

-리차드 L. 커윈 『자존감 훈육법』

2021년 내가 읽은 교육 관련 서적에서 내 마음에 가장 큰 울림을 준 대목이다. 그동안 수업기술이라든지 교육과정 재구성에 대해 관심을 가졌지 '생활교육을 공부하여 제대로 실천해 보겠다'는 포부는 가져본

적이 없었다. 큰 관심사도 아니었던 '생활교육'이라는 키워드가 내 마음에 들어온 계기를 가져다준 책이다. 저 몇 줄만으로도 내게 저 책의 값어치는 충분했다.

미래를 살아갈 아이들, 그들에게 필요한 기술이나 지식은 계속 변화한다. 그렇지만 사람을 만나고 소통하며, 더불어 살아가는 능력은 항상 중요하다. 비록 사람을 만나는 방식은 변화할지 모르겠지만, 근본적인 정신은 변하지 않으리라 생각한다. 그런 측면에서 미래 교육을 이야기하는 시점에서도 가장 중요한 것은 생활교육이라고 생각한다.

이런 인식에서 2021학년도 내가 실천한 생활교육을 살펴보고자 한다.

사례로 만나는 생활교육

익히다

2학년 교육과정에서 중요하게 다루는 부분이 '마음을 나타내는 말'에 대한 학습이다. 아직 자기 중심성에서 벗어나지 못한 2학년 아이들에게 '나'만이 아닌 '너'를 인식하게 할 수 있도록 하는 것이 마음에 대한 탐색과 표현이다. 자신의 마음과 다른 사람의 마음을 알아보고 이를 표현하는 것은 소통의 기본이다.

그렇지만 기억을 더듬어보면 학창 시절 문법 영역의 공부는 항상 재미가 없었다. 이런 점은 교사로서 했던 수업에서도 그리 다르지 않았다. '마음을 나타내는 말'을 처음 익힐 때도 이런 점을 고려하지 않을 수 없다. 그래서 선택한 것이 카드 게임을 활용한 방법이다. 이미

2017년부터 활용한 방법이다. 시중에 판매하는 감정카드도 있지만, 아이들이 직접 만든 카드를 활용한다면 그 또한 장점이 있다. 아이들은 자신이 만든 것에 애착을 느끼고 더 흥미를 갖기 마련이기 때문이다.

카드는 마음을 나타내는 말에 어울리는 그림을 그리고 그에 대한 간략한 설명을 적어서 만든다. 협동학습 암기숙달구조 중 하나인 플래시 카드 게임 구조를 기반으로 한 카드 게임을 통해 마음을 나타내는 말 학습에 흥미를 가질 수 있다. 그리고 마음을 나타내는 말을 그림으로 표현하는 활동은 추상적인 언어 학습에 어려움을 느끼는 저학년 학생들에게 일종의 사다리를 마련해주는 것이다.

마음을 나타내는 말 자체를 아는 것도 중요하지만 여러 상황에서 이를 활용하는 것 또한 중요하다. 이를 위해 그림책이나 시를 감상하고 이야기 나누기 등의 수업에서 인물의 마음을 짐작하는 활동을 하였다. 처음에는 마음을 짐작하는 것 자체도 쉽지 않았지만, 수업이 거듭될수록 마음을 짐작하고 그 이유까지도 척척 이야기할 수 있게 되었다. 그림책『오늘 내 기분은』에서 여동생이 생긴 테오가 느끼는 여러 감정을 통하여 한 가지 일에 여러 가지 감정을 느낄 수 있음을 알아간다. 익히 알고 있는 옛이야기『신기한 독』,『도깨비감투』를 읽고 이야기가 전개되는 상황에 따라 인물의 감정 변화를 짚어내기도 한다.

표현하다

마음을 나타내는 말을 알아보고 그림책이나 시에서 인물의 마음을 짐작하는 것과 함께 마음을 표현하는 활동도 이어갔다. 일기를 이용하기도 하고 마음을 전하는 편지 쓰기를 통하여 마음을 표현하기도 하였다. 그날 있었던 일 그리고 그때의 감정을 떠올리고 일기를 쓴다. 때로는 슬프고 힘든 마음이, 때로는 기쁨과 즐거운 마음을 표현한다. 그렇게 자신의 솔직한 감정을 표현한 글쓰기는 아이들의 삶을 담아낸다.

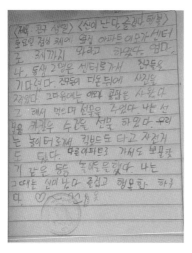 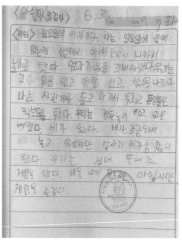

마음 일기 •

일상에서 고마운 일을 찾아보고 이를 정리해보는 일은 사람을 긍정적으로 변화시킨다. 늘 똑같아 보이는 일상에서 새로운 활력을 찾을 수 있고 관계를 변화시킨다. 아이들은 감사일기를 통하여 주변을 돌아보는 마음, 세상을 새롭게 바라보는 눈을 갖게 된다. 조그마한 일에도 감사를 표현하고 다른 사람의 좋은 점을 찾아 칭찬하는 활동을 통하여 아이들은 마음속 깊이 따스해진 것을 느낀다.

또한 감사는 주변을 돌아보게 한다. 아이들은 그동안 주변 사람들이 자신들을 위해 애쓴 것을 잘 알지 못했다. 방학으로 한껏 들떠 있던 종업식날 감사의 마음을 전하도록 하였다. 아이들의 학교생활을 위해 애쓰신 배움터 지킴이 선생님, 급식소 분들 등 그동안 그 고마움을 표현하지 못했던 분들에게 감사한 마음을 표현하였다.

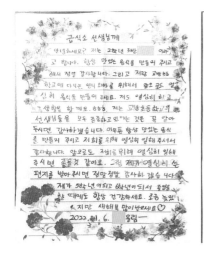

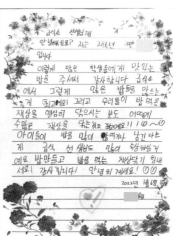

연결하다

신영복 선생님의 『담론』 '사실과 진실' 챕터에 흥미로운 이야기가 있어 내 표현으로 소개한다.

일흔이 넘은 노인. 집도 절도 없고 찾아오는 이도 없다. 전과는 자신이 기억하지 못할 정도로 많다. 당연히 감방에서 대접도 못 받고 한쪽 구석에서 조그맣게 살고 있다. 그런데 이 노인이 자기 존재감을 드러내는 날이 있다. 바로 신입자가 들어오는 날이다. 긴장한 모습으로 들어온 신입자에게는 노인이 걸어주는 말이 반갑다. 노인은 몇 가지 질문을 한 후 자신의 인생사를 이야기한다. 신입자가 들어올 때마다 듣게 되는 그 이야기는 계속 각색된다. 미담은 부풀리고 창피한 일은 빠지게 된다. 그리고 어느 날 신영복 선생님은 그 노인의 뒷모습을 보다가 실제 노인의 삶은 '사실'이고 각색된 인생사는 '진실'이 아닐까 생각한다. 삶에 대한 회한이나 이루지 못한 소망이 담긴 '진실'의 주인공으로 그 노인을 이해해야 하지 않을까 생각하게 된다.

이렇듯 사람의 존재는 반드시 '사실'만이 전부가 아니다. 저마다 가슴속에 품고 있는 '진실'의 이야기가 바로 그 사람의 존재가 아닐까? 다른 사람을, 그의 이야기를 그 사람 자체로 인정해주는 마음이 중요하다. 이런 이야기와 마음을 통한 연결이 복잡해지면서 교방초등학교라는 세계가 만들어지고 우리 동네라는 세계가 만들어졌다.

아이들 각자의 이야기를 담은 시 쓰기, 우리 동네를 위한 플로깅 활동, 마음을 담은 편지쓰기, 직업놀이는 통한 수익금 기부. 이런 활동을 통하여 아이들의 세상은 넓어지고 교방초등학교는 우리 학교가 되었으며, 익숙한 듯하지만 잘 몰랐던 교방동은 우리 동네가 되었다.

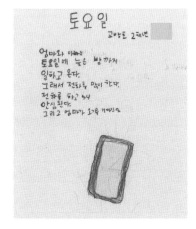
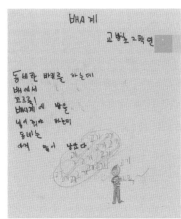

삶을 담은 시 쓰기 •

무학산, 우리 동네 플로깅 •

아이들을 한 명 한 명으로 바라볼 수 있는 마음

사람을 볼 때 눈으로 볼 것이 아니라 마음으로 보는 것이 좋을 것 같다. 눈으로만 보는 것은 그저 물리적인 인식일 뿐이다. 2020년 화제가 되었던 성공회대학교의 고병헌 교수의 책은 그 제목을 통해 '교육은 존재가 존재에 이르는 길'이라고 말한다. 존재가 존재에 이르기 위해서는 상대를 마음의 눈으로 바라보아야 한다.

기존에도 많은 선생님들은 학급 규칙을 정한다든지 학급 비전을 정하는 등의 활동을 많이들 한다. 아이를 환대하고 아이를 이해하기 위해 다양한 활동을 한다. 그런데 '내가 생활교육을 잘하고 있는가?'라는 질문에 자신 있게 '그렇다'라고 대답할 수 있는 사람이 많지 않은 것은 '마음의 눈'을 갖는 것이 어렵기 때문이리라.

학급이라는 전체 덩어리로 볼 것이 아닌 내가 알고 있는 단 한 명의 아이로 볼 수 있는 그 마음. 권영애 선생님의 『그 아이만의 단 한 사람』이 유독 기억에 남는 이유이기도 하다. 쉬운 일이 아니다. 감히 말로써 어떤 방법을 제시하기는 어렵고, 나로서는 그럴 능력도 아직 없다. 이런 경지는 지향점을 분명히 하고 끊임없이 세부적으로 질문하며 한걸음 한걸음 나아가는 수밖에 없다.

📍 에세이 - 대암초등학교의 사계절

10여 년 전인가? 내가 아직 카메라에 관심을 갖던 시기다. 조그만 카메라 하나쯤은 항상 가방에 넣어 가지고 다녔다. 출근하다가도 학교 화단에 멈춰서서 사진을 찍고 들어가기도 했고, 현장체험학습을 간다든지 체육수업이라도 하면 카메라를 챙겨 나가 가까이 그리고 멀찍이서 아이들의 모습을 사진으로 남기곤 했다. 그러다 생전 처음 연구부장을 맡은 해에는, 이듬해 교육과정을 되도록 화려하게 꾸미고, 내가 찍은 사진으로 학교의 사계절을 담기도 했다.

그 학교만 그랬을까? 당시 내 감성이나 관심 때문이었을까? 당시 근무했던 대암초등학교는 사계절이 뚜렷한 모습이었다. 봄이 되면 학교 정문 옆에 있던 커다란 목련나무에 하얀 꽃이 피어난다. 워낙 큰 나무라 밖에서는 올려다볼 수밖에 없었고 건물 3층 한쪽 끝에 달린 동그란 창문으로 보이는 목련꽃이 일품이었다. 마치 액자 같은 모습이었다고 할까? 열리지 않는 창문이었지만, 그 때문에 더욱, 활짝 핀 목련꽃과 일체가 된 느낌이었다. 목련꽃이 떨어지면 벚꽃의 시기가 다가온다. 이때야말로 봄의 절정이다. 담벼락을 따라 심어 놓은 벚나무에 만개한 벚꽃은 봄 특유의 색감을 자아낸다. 벚꽃은 금방 지지만, 지는 순간에도 꽃잎을 흩날리며 화려함을 자랑한다.

벚꽃이 지는 것을 아쉬워할 때쯤에 본관 앞편 자그마한 광장 중앙 화단에 샤스타데이지가 만발한 모습을 볼 수 있다. 늦은 봄에서 여름까지 화단을 하얗게 장식하며 지나가던 선생님들의 발걸음을 멈추게 하였다. 여름이 가까운가 싶을 땐 대동디지털 아파트와 면한 운동장 쪽 담벼락에 장미꽃이 핀다. 차양막 지붕과 운동장에 시선이 분산되어서 일까? 이곳의 장미는 가까이 가지 않고서는 눈에 잘 들어오지 않는다. 하지만 체육관으로 향하는 길에, 왼편으로 시선을 돌리면 파란 하늘과 빨간 장미가 그 빛깔을 뽐내는 것을 알 수 있다.

여름이 가면 대암초등학교의 꽃들은 자취를 감추고 중앙 광장의 나무들에게 그 영광을 양보한다. 타는 듯한 빨간 잎과 노란 은행잎이 조그마한 연못과 조화를 이뤄, 한 폭의 풍경화를 만들어 내고 연못에 피어난 가을 수련도 특유의 정취를 자아낸다. 몇 송이 되지 않아 여백의 미와 합쳐진 듯한 모습이 이채롭다. 중앙 광장의 가을 풍경을 광각 렌즈로 담아 각종 행사용 PPT의 마지막 페이지에 장식하곤 했다.

따뜻한 남쪽 지방의 겨울은 계절의 특색이 적다. 그런데 그 학교에서 근무하던 시기에는 두어 차례 눈이 쌓인 적이 있다. 연못은 꽁꽁 얼고 아이들은 쌓인 눈으로 눈사람을 만들어 포즈를 취한다. 눈이 오지 않는 겨울날에는 밤늦게까지 학교에 머물다 나가는 길에 만나는 시린 하늘과 하얀 달, 그리고 가로등 불빛이 하나의 장면을 완성한다.

돌이켜보면 그 당시에는 지금보다 학교 가는 발걸음이 가벼웠던 것 같다. 그때 만난 학교가 그리 계절의 아름다움을 자랑한 것은 어쩌면 지금보다 확연히 젊었던 시절, 내 눈에 보이던 풍경이 지금과는 다른 감상을 불러일으켰기 때문인지도 모른다.

세상에서 만나는 풍경, 사람, 여러 가지 일과 그로 인한 감정들을 진득하게 느끼고 경험하며 살겠다고 말한 적이 있다. 그런데 과거에 비해 지금의 나는 세상의 풍경을 충분히 음미하고 사는가? 지금의 나는 어떤 마음을 품고 학교에 가는가? 시간을 들여 생각해 볼 만한 주제다.

05

수업, 성찰하여 기록하라

- 비평적 글쓰기

어떤 일을 할 때, 그리고 그것이 끝났을 때, 중요한 것 중 하나가 성찰이다. 그것은 반성적인 의미일 수도 있고, 어떤 주제에 대한 깊은 사색과 탐구일 수도 있다. 단순한 지식이나 정보의 습득, 하나의 행위에서 한 걸음 나아가, 그것을 자신의 것으로 이해하고 소화하는 것이 성찰이며 사색이다.

수업 연구 사례 기록에도 성찰적인 글쓰기가 뒤따른다면 좋은 점이 많다. 일상은 지루한 반복이기 쉽다. 그 일상에서 한 축을 차지하는 수업도 자칫하면 지루함의 함정에 빠지기 쉽다. 나 역시 2학년 담임을 3년째 맡을 때까지는 매년 조금씩 새로운 것을 시도하고 기존의 것을 보완하기도 했다. 그러다가 한 해 전담을 맡고 이듬해 담임이 되었는데, 또 2학년 맡았을 때는 크게 실망했다. 새로운 시도가 가져다주는 즐거움은 줄어들고 지루함이 그 자리를 차지하기도 했다. 그런 일상에서 돌파구가 될 수 있는 것이 수업에 대한 진지한 성찰과 사색이었다. 이전에는 수업 계획과 실천에 주로 힘을 쏟았다면 2021년에는 수업 후의 성찰에도 힘을 기울였다. 수업 이후의 성찰과 사색은 기존 수업에서의 문제점과 해결책을 찾을 수 있고 내 일상에도 활력을 준다. 그것이 온전히 다음 수업으로 이어진다면 이 또한 좋은 일일 것이다.

성찰의 방법은 주로 글쓰기다. 한 차시의 수업 후 특이할 만한 점이 있다면 글로 쓸 수 있다. 이러한 글쓰기는 수업에 대한 생각을 더 깊어지게 하고, 연구에 대한 새로운 방향이나 단서를 제시하기도 한다. 한 차시 수업에 대해 글을 쓸 수도 있고 하나의 기획, 이를테면 프로젝트나 특정 수업 분야에 대한 연구 등을 실천한 후 그에 대한 글을 쓸 수도 있다.

주로 한 차시 정도 분량의 수업을 보다 치밀하게 분석하고 성찰하는 과정을 거친 후 쓸 수 있는 글이 수업 비평문이다. 에세이와 유사하기도 하지만, 수업 비평문은 하나의 수업을 정하고 그 수업의 영상을 본 후 비평할 만한 점을 찾아서 쓴다는 점에서 연구기록문의 성격도 갖는다. 수업에 대한 성찰을 적는 글이라는 특성상 쓰는 과정에서 수업에 대해 더 고민하고 깊이 있는 연구를 하게 된다.

📍 비평적 글쓰기 - 공부는 왜 해야 할까?

　이 글은 2019년 아이함께연구회 연구위원 워크숍 때 한 선생님의 수업을 보고 수업비담협의[7]를 가진 후 비평적 글쓰기를 한 것이다. 본래 이 글에는 그 수업 자체에 관한 내용이 거의 없었다. 한두 줄 정도 전체적인 특징을 묘사한 것이 있었으나 전체적인 글 내용과 특별한 연관성이 없으므로 수업에 대한 묘사는 제외하고 내 생각을 적은 부분만 소개한다. 비평적 글쓰기로 분류하여 소개하긴 하지만 비평적 글쓰기의 대상이었던 수업에 관한 내용을 모두 배제하였기에 수업 비평문이라기보다는 '공부는 왜 해야 하는가'에 대한 에세이의 일종이라고 볼 수도 있겠다.

　수업을 보며 많은 생각을 했지만, 나를 가장 고민에 빠지게 만든 생각은 '하고 싶지 않은 것을 해야 하는 이유는 무엇인가?'이다. 교사의 입장에서 수업은 학생들이 반드시 도달하여야 할 목표에 기반하고 있다. 반면 학생의 입장에서 수업과 공부는 일반적으로 즐길 거리는 아니다. 특히나 저학년 학생들의 집중력은 현저히 부족하여 교사들은 각종 놀이 수업 기법 등을 통해 학생의 흥미를 끌 수 있도록 노력한다. 그렇지만 학습 활동에는 놀이 외의 활동이 분명히 존재하며 또 존재하여야 한다. 모든 학습 내용을 놀이 활동으로 습득할 수는 없고, 그런

· · · · · · · · ·

7　'수업 고민 비우고 담다'의 줄임말로 아이함께연구회에서 개발한 수업 협의 방식이다.

것들 중 매우 중요한 활동이 분명히 있기 때문이다. 이를테면 글쓰기나 공적인 말하기 등이 그에 해당할 것이다.

놀이 수업 기법 등은 수업 내용에 좀처럼 관심을 갖지 않는 학생들을 위해 교사들이 고민한 흔적의 하나이다. 근본적으로 성취기준에 근거한 학습 내용에 대해 학생들은 대체로 관심이 없다. 이러한 간극이 생긴 이유는 다양한 것들이 있겠지만 나는 시간에 대한 관점과 사고 구조를 이유로 제시하고자 한다.

『책은 도끼다』로 많이 알려진 박웅현은 『여덟 단어』에서 '개처럼 살자'라고 이야기하였다. 밀란 쿤데라의 '참을 수 없는 존재의 가벼움'에 주인공이 기르는 강아지로 등장하는 카레닌을 언급하면서 '인간은 직선의 시간을 살지만 개는 원형의 시간을 산다'고 하였다. 원형의 시간에 대해서는 『여덟 단어』에 나오는 다음 내용을 읽으면 이해가 쉽다.

개들은 잘 때 죽은 듯 잡니다. 눈을 뜨면 해가 떠 있는 사실에 놀라요. 밥을 먹을 때에는 '세상에나! 나에게 밥이 있다니!'라고 먹습니다. 산책을 나가면 온 세상을 가진 듯 뛰어다녀요. 그리고 집에 돌아오면 다시 자요. 그리고 다시 눈을 뜨죠. '우와, 해가 떠 있어!' 다시 놀라는 겁니다.

실제로 개가 시간을 어떻게 인식하는지는 더 알아보아야 할 문제일지 모르나, 요점은 '현실을 산다'는 것이다.

성인은 대체로 직선의 시간으로 세상을 인식하며 사고하는 편이고 어린 아이들은 원형의 시간을 중심으로 세상을 인식한다고 생각한다.[8] 성인은 미래의 일을 생각하여 현재에 하기 싫은 일을 참아가며 하는 경우가 많다. 그리고 미래를 대비하지 않으면 불안해하기도 한다. 주말에 쉬면서도 월요일에 해야 할 일의 걱정한다. 휴일에도 단 하나의 생산적이라 생각할 만한 일을 하지 않고, 그야말로 쉬거나 놀기만 하면 죄의식에 가까운 감정을 느끼기도 한다. 반면 어린 아이들은 직면한 현실을 살아간다. 미래의 일에 대해서 막연한 정도로만 인식하거나, 마치 인식한 듯이 이야기할 뿐 자신도 모르는 사이에 현재의 즐거움에 빠져든다. 이렇게 원형의 관점에서 시간을 바라보는 아이들에게, 공부는 미래를 위해 해야 하는 일이지만 그 미래는 너무 멀고 막연하다. 현재의 확실한 즐거움이 너무나 크다.

이런 이유로 수업과 공부를 바라보는 관점의 차이가 발생한다. 물론 다른 이유가 더 있을 것이고 내가 제시한 부분에 대해서도 검증이 뒤따라야 하겠지만, 학생들이 대체로 공부에 흥미를 갖지 않는 것은 경험적으로 분명히 받아들일 수 있는 사실이다. 또한 이 글에서 중요한 고민은 공부를 왜 해야 하는지에 대한 것이므로 이 정도로 본론으로 넘어가고자 한다.

· · · · · · · · ·

8   성인이든 아이든 직선이나 원형 중 하나의 관점만으로 시간을 바라보지는 않을지 모른다. 여기서는 비교 우위를 적은 것이다.

	공부를 해야 하는 이유
철학적 관점	» 인간답게 살기 위해 » 지혜 사랑-지적 유희
사회적 관점	» 사회의 전통이나 관습, 생활양식 습득 » 사회에 적합한 인재 양성
생태학적 관점	» 인류의 생존 » 자연과의 공존
경제학적 관점	» 경제 체제 유지 » 생계 유지(일자리)
규범적 관점	» 해야 하니까

공부를 해야 하는 이유에 대해 내가 생각한 것을 표로 정리하였다. 철학적 관점, 생태학적 관점, 사회적 관점, 경제학적 관점, 규범적 관점으로 분류하였다. 이는 그저 내 편의상 정리한 것이며 학문적으로 검증된 분류는 아니다.

하나의 이유가 반드시 하나의 관점에 해당하지도 않는다. 이를테면 철학적 관점으로 분류한, 인간답게 살기 위해서라는 이유는 인간을 바라보는 관점에 따라 얼마든지 다른 관점으로 분류될 수 있다. 인간답다는 의미가 근대 이성에 근거한다면 철학적 관점일 수도 있고 경제학의 합리적인 인간이라는 관점에서 본다면 경제학적 관점일 수도 있다. 전체적으로 다른 관점으로의 재분류도 충분히 가능하다. 개인적 관점과 사회적 관점이라든지 미시적 관점과 거시적 관점 등 다양한 분류가 가능할 수 있다. 마지막에 제시한 규범적 관점은 다른 이유들의 결과

일 수도 있지만, 구체적인 이유를 언급하지 않고 막연히 '해야 한다'와 같이 규범적으로만 받아들이는 경우다.

아이함께연구회에서 수업은 사고력을 기르는 것으로 규정하고, 학습에 이르기를 거부하는 아이들이 수업 내용에 흥미를 갖도록 하기 위한 다양한 수업기술을 연구하고 사용한다. 이는 기본적으로 수업 내용 자체에 흥미를 갖고 수업에 임할 수 있도록 한다는 이상적인 상황에 근거하되 그것이 실제 수업에서 이루어지도록 수업기술을 사용하는 것이다. 굳이 구분하자면 아이함께연구회에서 공부를 해야 하는 이유로 제시할 수 있는 것은 철학적 관점의 '지혜사랑-지적 유희'에 해당한다고 볼 수도 있겠다.[9] 물론 진리를 탐구하고 지혜를 사랑한다는 철학적인 행위의 속성 중 일부에 해당할 수 있다는 것이지 수업 내용에 흥미를 가지고 학습에 임해야 한다는 것이 지혜사랑을 대표할 수는 없다. 그리고 이러한 이유는 전적으로-해당 교사가 이를 인식하고 수업에 임하든 그렇지 않든-수업에 임하는 교사의 생각일 뿐이고 학생의 생각과는 별개이다. 공부를 왜 해야 하느냐의 문제는 학습 동기가 될 수 있다는 점에서 학생의 이유일 때 더욱 중요하다.

아래의 표에는 2019년에 근무했던 학교 동료 교사의 생각과 함께 당시 우리 반 학생들의(2학년) 생각까지 추가하여 제시하였다. 교사들의 이유에는 학생들의 그것에 비해 다소 복잡한 고민과 함께, 공부를 하지 않으면 사회에서 적절한 위치를 갖고 정상적인 삶을 살 수 없다

·········

9 아이함께연구회의 과거 공부 내용과 철학을 생각했을 때 대체로 이러한 것이고 이는 개별 교사의 인식 여부와는 별개일 수 있다. 스스로는 이를 전혀 인식하지 못하고 있는 경우도 많겠고 다른 생각을 가지고 있을 수도 있겠다.

는 절박함이 엿보인다. 반면 학생들은 어른들의 말이나 주변에서 들은 내용을 떠올린 것도 같지만 전체적으로 교사들이 말한 이유보다는 미래에 대한 기대나 밝은 분위기가 느껴지기도 하고, 공부를 해야 하는 이유에 대해서는 적어도 내일 당장 일어날 일이 아닌 이상은 심각한 고민이 없는 상태라는 생각이 들기도 한다.

동료 교사	2학년 학생
» 먹고 살려고 » 살면서 겪는 문제 해결 » 살아남으려고 » 알기 위해서 » 생활을 영위하기 위해 » 사람 구실을 하기 위해 » 직업 선택의 폭을 넓힐 수 있다.	» 꿈을 가지기 위해 공부(일, 돈) » 꿈을 가져야 하니까 » 일을 하기 위해 » 훌륭한 직업을 갖기 위해 » 머리가 좋아지려고 » 바보가 되지 않기 위해 » 똑똑해지기 위해 » 똑똑해지기 위해(프로게이머) » 유학을 가기 위해 » 대학 가야 하고 다서 많이 배우기 위해 » 재능을 키워 훌륭한 사람이 되기 위해 » 훌륭한 사람이 되기 위해 » 훌륭한 사람이 되기 위해(꿈을 이루려고)

공부를 해야 하는 이유에 대해 생각해보면, 학생들로 하여금 수업에 더 열의를 가지고 참여하도록 할 수 있을까 기대하였다. 결과 활용 방

법에 대해서는 더 고민할 필요가 있겠다. 그리고 어린 학생들이 원형의 시간을 살고 미래보다는 현재에 집중하는 편인 것은 아이들의 특성이지 그것이 열등함을 뜻하는 것은 아니다. 공부하는 입장에서든, 수업하는 입장에서든, 공부를 하는 이유에 대해 생각해보는 일은 대단히 중요한 만큼, 균형 있는 시각과 올바른 인식으로 깊이 고민해 보아야 할 필요가 있겠다.

🔘 수업 비평

수업 개요

이번에 살펴볼 수업은 2학년 국어 수업이다. '마음을 나타내는 말'에 대한 학습은 이호창 선생님이 2학년 국어 교육과정에서 중요하게 생각하여 『교사교육과정, 수업전략을 만나다』에서도 많은 지면을 할애하였다.

이호창 선생님은 올해 1학기에도 '마음을 나타내는 말' 학습을 위해 학생 작품을 통해 마음 카드를 만들었다. 카드 놀이를 통해, 지루할 수 있는 문법 영역 공부를 재미있게 풀어나갔다고 한다.

2학기에는 여러 그림책을 통해 본격적으로 인물의 마음을 짐작하는 활동을 진행 중이다. 이번 수업에서는 우리가 익히 알고 있는 옛이야기를 다룬 그림책 『도깨비감투』를 이용하여 '그림책을 읽고 자신의 생각 이야기하기'를 수업 목표로 삼았다. 먼저 그림책을 만나고 등장인물의 마음을 짐작하면서 인물에 대해 이야기 나누는 과정을 통하여 아이들은 그림책에 대한 자신의 생각을 형성하고 표현하게 된다.

수업을 이야기하는 단어들의 만남과 그 변주

우리가 흔히 말하고 글로 적는 단어들은 그 의미와 필연적인 연관성을 갖지 못한다. 우리가 '청춘'이라는 단어에 큰 울림을 느끼지만, 실제로 '청춘'이라는 글자나 소리는 우리가 생각하는 울림이나 의미를 담지는 못한다. 인간 언어의 속성이면서 동시에 명백한 한계점인 자의성으로 인해, 언어를 익히거나 말을 할 때는 경험이라는 도구에 절대적으로 의지할 수밖에 없다. 이는 단어 단위를 넘어서서 단어의 조합에도 똑같이 적용된다.

학교 현장에서 접하는 '저학년 수업'도 마찬가지다. 내가 아직 저학년 담임을 맡은 적이 없었던 때 1학년 보결수업을 들어간 적이 있었다. 수업시간에 해야 할 활동은 담임 선생님께서 이미 준비해 두고 가셔서 특별히 고민할 것은 없는데 어려운 점은 어린 학생들을 대하는 일 자체에 있었다.

우선 첫 만남부터 당황스러웠다. 당시 카메라를 항상 가지고 다니면서 학교에 일이 있으면 활용했는데, 그 모습을 기억한 한 아이가 '카메라맨이다'라고 말했다. 그 소리를 듣자 너도나도 '카메라맨'을 언급하였다. 조금 진정된 후에는 아이들에게 어떤 식으로 말해야 할지가 문제였다. 고학년 학생들만 접하다 어린 아이들을 만나니, 최대한 예쁘게 말해야 할 것 같은데 아이들은 와자지껄하다. 쩔쩔매고 있다가 한 아이가 우유를 쏟고 '아저씨 좀 닦아주세요'라고 말한다. 우유를 정리하고 어떻게 보냈는지 모를 40분이 지나간 후 지쳐서 전담실로 돌아왔다.

'저학년 수업'이라는 말 자체가 낯선 것은 절대 아니다. 그렇지만 우리가 사용하는 단어와 그 조합은 단순히 그것을 가리키는 것일 뿐이다. '저학년 수업' 뿐만 아니라 '토의·토론 수업', '모두가 참여하는 수업' 또한 마찬가지다. 그 의미를 모르지 않지만, 그 말을 사용하고 인식하는 일은 경험의 양과 질에 의존할 수밖에 없다.

어떤 경험들은 여전히 단어에 굶주리고 있다. 앤드루 솔로몬의 책에 나오는, 그리고 내가 제작하고 있는 다큐멘터리에 등장하는 인물들, 성 소수자, 장애인, 자폐아 등등의 경험이 대표적이다. 그들의 경험이 단어에 굶주리고 있다는 것은 사회적인 의미에서는 그들의 경험이 온전히 대접받지 못하고 차별받고 있다는 뜻이며, 개인 대 개인의 관계에서는 내가 아직 그의 언어를 익히지 못했다는 뜻이다. 내가 익히지 못한 단어들이 모여 이야기가 될 때 그 이야기가 내 안에 혼돈을 만들어 내는 것이 당연하다. 그 혼돈을 두려워하지 않고 받아들일 때, 그리하여 내 안의 단어들이 속한 지평이 넓어질 때, 나는 성장할 것이다.

- 문학잡지 『Littor』 19호, 민음사, p. 54-55 '이야기가 만들어 내는 혼돈', 김현우 방송 PD

김현우 PD는 올바른 대접을 받지 못하고 차별받기도 하는 사람들의 경험이, 그것을 지칭하는 단어에 온전히 스며들지 못했음을 이야기한다. 인간 언어는 그 자체에 의미를 담지 못하는 한계가 있다. 그런 이유로 누군가의 언어적 표현은 그 언어를 사용하는 개인의 경험과 감수성에 상당 부분 의지할 수밖에 없다.

수업에서도 비슷한 이야기를 할 수 있을 것 같다. 내가 말하기도 하고 글로 적기도 하는 수업의 종류, 수업기술 중 많은 것들은 아직 내 속에 온전히 속하지 못한 것들이 많다.

어떤 때는 그런 미숙함과 자신감의 결여가 혼란을 가져오고 교사로서의 자존감을 뒤흔든다. 그런 감정에 매몰되지 않고 수업이나 수업기술에 관한 여러 단어들을 내 속에 온전히 속한 것으로 만들어가도록 하는 한걸음 한걸음의 경험이 필요하다.

이번에 수업을 만나고 비평문을 쓰는 일에도 그런 자세로 임하고자 한다. 그런 의미에서 비평에 참여하는 나 자신의 '학습'에 중심을 두고 쓸 수 있다면 더 만족스러운 비평문이 될 것 같다.

글을 쓰는 사람에 따라 글의 형태가 다양한 것처럼 수업비평문도 쓴 사람의 경험이나 전공 등에 따라 글이 시작되고 진행되는 형태가 다르기 마련이다. 이 글은 지금 쓰고 있는 도입을 시작으로 하여 수업 들여다보기, 수업으로 이야기하기, 결론(누구도 대신해줄 수 없는 여행)의 순서로 작성하였다. 이런 글의 흐름을 염두에 두고 읽는 것이 도움이 되리라 생각하여 도입부에 밝혀둔다.

이호창 선생님이 여러 해 연구한 '저학년 수업'이 '토의·토론 수업', '모두가 참여하는 수업'이라는 단어 조합들과 만나서 어떻게 결합하고 어떤 형태로 변주되는지 이제부터 살펴보기로 한다.

수업 들여다보기

그림책 표지 살펴보기

수업이 시작되자 이 선생님은 『도깨비감투』그림책을 꺼내 든다. 제목에서 '감투'를 손으로 가리고 아이들에게 보여주며 도깨비 뒤에 들어갈 말을 찾도록 한다.

방울, 방망이, 뱃살, 뱃살, 방, 생활

감투를 찾아내지 못하자 표지 그림을 좀 더 살펴보도록, 표지 그림에서 빨간색 둥근 점을 가리키며 무엇일지 묻는다. 아이들은 구슬, 불, 머리 등이라고 대답한다.

역시 '감투'에 다가가지 못하자 빨간 것이 무엇인지는 나중에 읽으면서 확인해 본다고 하며 그림책 제목을 가린 글자 '감투' 중 '감'을 보여주고 '투'만을 가린 상태로 보여준다. 아이들은 감귤, 감기, 감시라고 말하다가 한 학생이 감투라고 대답한다. 그제야 '도깨비 감투'라는 제목이 기억났는지 몇몇 학생이 '들어봤다'라고 말하고 '봤어. 봤다. 봤어.'라고 반복하여 얘기한다. 한 학생이 감투가 무엇인지 물어본다. 당연히 아이들에게는 감투라는 낱말이 낯설다.

이 선생님은 그제야 뒤표지 그림을 보여주면서 감투가 무엇인지 확인시켜 준다.

그림책 읽기

특별히 목소리를 바꾸지 않고 평소 목소리로 그림책을 읽는다. 중간 중간 묻고 답하는 때가 있었다.

그림책을 읽다가 아저씨가 도깨비 감투를 집으로 가져간 후 아내에게 기막힌 생각이 떠올랐다고 한 대목에서 읽기를 멈추고 아이들에게 묻는다.

- 교사: 무엇을 할 것 같아요?
- 학생: 도둑질
- 교사: 도둑질
- 학생: 미행할 것 같아요.
- 교사: 뭐라고? 비행? 날아갈 것 같다고?
- 학생: 미행. 도깨비들을 훔쳐보는 거요.
- 교사: 아 미행! 미행.
- 교사: 자 봅시다.

이어서 읽으려는데 아이들의 이야기가 멈추지 않자, 이 선생님은 침묵 신호를 보낸다.(조용히 한 손을 올리면 학생들도 말을 멈추고 똑같이 손을 든다.)

중간에 '돈궤를 훔친다'는 내용이 나오자 금고 같은 거라고 설명을 덧붙이고 계속하여 읽는다. 도깨비 감투에 구멍이 나서 빨간 헝겊으로 기우고 아저씨가 집을 나서는 대목에서 묻는다.

- 교사: 뭐가 보입니까?

- 학생들: 빨간 천
- 교사: 빨간 천을 댄 것이 보이죠? 이게 앞에 표지에 나왔던 빨간색 이죠? (앞표지를 다시 보여주며 이야기한다.)

내용 정리하기

그림책을 다 읽은 후 주요 등장인물인 '아저씨'를 중심으로 아이들과 묻고 답하며 내용을 정리한다. 상세히 적지는 않고 다음과 같이 간략히 적는다.

- 나무 ➜ 기와집 ➜ 도깨비 만남
- 감투
- 장터에서 도둑질
- 들통남

한 곳에 다 적지 않고 이어질 활동에서 판서할 공간을 예상하여 칠판 곳곳에 듬성듬성 적는다.

마음 짐작하기

이어서 아저씨의 마음을 짐작해서 공책에 적도록 한다. 이유를 적으라는 말 대신 '어느 부분에서 어떻게 느꼈는지 적으면 된다'는 말로 바꿔서 덧붙인다. 아이들은 이 같은 활동이 익숙한 듯 몇 개 적을지 묻는다. 다섯 개를 적자는 아이들도 있었고 두 개를 적자는 아이들도 있었다. 등장인물의 마음을 짐작하는 활동에 익숙한 모습이다. 여러 개를 찾아 적을 자신이 있어 보였다.

이 선생님은 2개면 적당하다고 판단했는지 두 개를 적자고 하였다. 그런 후 교실을 한 바퀴 둘러보다 칠판쪽으로 돌아와서 마음을 나타내는 말을 정리한 표를 칠판 한편에 붙인다.

- 교사: 오랜만에 붙여봐 보겠습니다.
- 학생: 아 오랜만이다.
- 교사: 우리가 이미 많이 알아서 잘 안 붙였는데
- 학생: 우리 많이 알아요.
- 학생: 난 잘 몰라요.

아이들은 마음을 나타내는 말에 대체로 자신이 있는 편이었다. 그렇지만 참고 자료는 확실히 도움이 되는 것 같다. 자료를 붙인 후 마음을 나타내는 말을 크게 언급하며 공책에 적는 학생들이 여럿 보였다. 5개 적어도 되는지 물어보는 학생도 있었다.

이어서 협동학습 번호순으로 구조를 통해 발표를 하였다. 원래 번호순으로 구조는 모둠별로 특정 번호 학생들이 모두 일어나서 발표를 하는 형태인데 코로나19 상황으로 인해 모둠을 구성하지 않고 시험 칠 때와 같이 한 줄씩 서로 떨어져 앉아 있다. 모둠 번호 대신에 앉아 있는 줄을 지정하면 그 줄 학생들이 차례로 발표하였다. 이 발표 방식에 대한 설명은 이 선생님에게 들어 이런 배경을 이해하게 되었다. 다음은 발표 상황을 적은 것이다.

- 학생: 놀라다
- 교사: 놀라다. 어디에서 놀랐어요?
- 학생: 도깨비를 보고
- 교사: 아 도깨비를 보고

  (도깨비를 만난 장면을 판서한 부분에 '놀라다 도깨비 보고'라고 판서한다.)

- 학생: 놀랍다.
- 교사: 놀랍다.
- 학생: 감투를 쓰니까 안 보여서 놀랍다.
- 교사: 그러면 여기겠네.

  (감투라고 적힌 부분 아래 '놀랍다 감투 쓰니 안 보임'이라고 판서한다.)

아이들은 '놀라다/놀랍다'와 같이 비슷하지만 다른 낱말을 구분하여 말한다. 이 선생님은 '어디에서 놀랐어요'와 같은 물음을 통해 어떤 장면에서 그렇게 느꼈는지를 말하게 한다. 그리고 이야기 전개 과정을 듬성듬성 적어놓은 곳에 아이들의 발표 내용을 적는다. 발표할 때마다 누가 발표했는지 알 수 있도록 자석 종이에 인쇄한 아이들의 이름을 붙인다.

처음 두 줄을 발표시킨 이후에는 발표하고 싶은 학생들이 손을 들고 발표하도록 하였다. 한참 발표한 후 이 선생님은 충분하다고 생각했는지 마음을 짐작하는 것은 여기까지 한다고 말한다. 저학년 교실 특성인지 모르겠지만, 아이들은 더 발표를 하지 못해 크게 아쉬워한다. 이 선생님은 아이들의 아쉬운 마음을 확인하고 '아저씨'가 아닌 다른 등장인물의 마음을 짐작하자고 하며 아주머니, 상인, 도깨비라고 칠판에 적는다. 그중에서 한 사람만 정해서 적으라고 하자 아이들은 너도나도 발표하려고 손을 들기도 하고, 마음을 짐작하여 이야기하기도 하면서 소란스러워진다. 이 선생님은 침묵 신호로 아이들을 만류하며 일단 적으라고 한다. 얼마간 시간을 준 후 30초 후에 발표하겠다고 한다.

앞서와 같이 마음을 짐작하여 말하고 이 선생님이 어디서 그렇게 생각했는지 물으면서 판서하는 과정을 거쳤다. 칠판은 아이들이 발표한 내용으로 빼곡하고 개인별 이름표는 2개 밖에 남아 있지 않았다. 2명을 제외하고는 모두 발표를 한 것이다. 발표를 한 학생 중에는 여러 번 발표한 아이들도 상당히 많다. 이 선생님은 모든 아이들이 발표하기를 바라는 마음에선지 다음과 같이 진행한다.

- 교사: 이 사람들 아직 발표 안 했는데?
- 교사: (남은 학생 중 한 명) 김OO 발표할 것 있어요?
- 학생: 놀라다. 물건이 사라져서
- 교사: 놀라다. 물건이 사라짐. (판서)
- 교사: (침묵 신호 후, 발표 안 한 사람 이름을 확인하며) 더 발표할 사람 없습니까?

딱 한 명 학생을 마저 발표시키려고 물었으나 끝내 발표하지 않으려는 것 같다. 결국 다른 학생을 한 명 더 발표시킨 후 그만둔다.

토의·토론하기

마음을 짐작한 후에는 이제 토의·토론을 진행하였다. 이야기의 맨 끝에 아저씨가 상인들에게 맞은 후에 상인 중 한 명이 했던 말이 인상적이다. '저 부지런하던 사람 어쩌다 도둑이 되었을꼬' 이 선생님은 이 말을 언급하며 이 아저씨는 부지런한 것인지 도둑질을 했으니 나쁜 것인지 묻는다.

- 교사: 그러면 한번 생각해 봅시다. 여기 보면 맨 끝에 나온 말이.
- 학생: 저 부지런한 사람이…….
- 교사: '저 부지런하던 이가 어쩌다 도둑이 되었을꼬'라는 말이 나옵니다. 이 아저씨는 엄청 부지런하던 사람이었습니다. 그런데 도깨비 감투를 얻고 도둑이 되었죠? 그러면 이 아저씨는 나이가 몇 살인지 모르겠지만, 아저씨니까…….
- 학생: 아저씨니까 40세
- 학생: 60세
- 교사: 이 아저씨는 평생을 부지런하게 살았단 말이야. 근데 감투를 얻고 이번에 그렇게 긴 기간이 아니죠? 며칠 동안 도둑질을 했습니다. 그러면 이 사람은 부지런한 겁니까? 나쁜 겁니까?

이 선생님의 물음에 아이들은 '나쁜 거예요', '부지런한 거예요', '원래는 부지런했는데 이제 좀 게을러졌어요', '한 번 도둑질하면 나쁜 거예요'라고 다양한 대답을 한다.

이 선생님은 다음과 같이 이야기한 후 아이들이 동의하는 쪽에 손을 들어보게 하였다.

> "이 사람을 전체적으로, 태어나서 지금까지를 생각했을 때. '부지런하다/나쁘다' 둘 중 어느 쪽인가요? 손을 들어봅시다. 이 아저씨의 일생을 말하는 겁니다. 한 번이 아니라"

부지런하다 11명, 나쁘다 10명

결과는 팽팽하다. 다시 토의·토론을 이어 나간다. 아이들의 반응이나 발언하고자 하는 열의로 보면, 단연코 토의·토론하는 장면이 이 수업의 클라이막스다. 물론 후끈 달아오른 분위기는 때로 발언권을 얻지 못했음에도 이야기를 한다거나 다른 사람의 말이 끝나지 않았을 때 이야기를 하는 상황도 만든다. 이 선생님은 '다른 사람 말할 때 잘 들어야 합니다', '끝까지 듣고 얘기합니다. 잘 들어야 반박하는 말을 할 수 있어요'와 같은 말로 토론 질서를 유지하려 한다.

부지런하다고 주장하는 쪽은 '지금까지 긴 시간 부지런하게 살았는데 도둑질은 겨우 이틀을 했으므로 나쁜 행동보다 착한 행동이 더 많다'는 얘기를 주로 한다. 이에 대해 반대편 아이들도 '그건 인정'이라고 하는 반응이 많았고 '아니죠'라는 반응을 보이는 아이도 있었다. 나쁘다고 주장하는 쪽은 한번 나쁜 일을 했으면 평생을 두고 이야기해도 나쁜 거라는 얘기를 한다.

이때 이 선생님은 '나쁘다'를 지지하는 아이들의 얘기가 '부지런하다'를 지지하는 쪽에 비해 활발하지 못한 것을 확인하고 가상의 학생

'순이'를 등장시킨다.

순이가 '나쁘다'라고 한 이유는……. '저 아저씨가 부지런하다는 건' 주변에서 말했지만, 이 이야기에 부지런한 행동이 나오지 않았습니다. 안 보일 때 나쁜 행동을 했을 수 있어요. 그에 비해 나쁜 행동은 확실히 나왔어요. 그래서 그림책을 봤을 때는 나쁜 것 같다고 합니다.

순이를 등장시킨 후 '나쁘다'를 지지하는 쪽의 의견이 다시 활발해져서 비등비등하게 얘기를 주고받는다. 그렇지만 순이의 이야기와 반드시 관련 있는 이야기를 하지는 않는다. 저학년 학생임을 고려하여, 표현이 분명하지 않은 발언은 이 선생님이 적절히 정리해서 다른 아이들에게 전달해준다.

이 선생님은 학생이 발표한 내용에서 힌트를 얻어서 '순이'의 생각을 추가하여 말하기도 한다.

- 학생5: 감투를 쓰고 착한 데 쓰든지 불태워야 하는 건 아닌가요?
- 교사: 착한 사람이면 착한 데 써야 할 텐데, 이 아저씨는 나쁜 일을 했습니다. 순이도 비슷하게 한마디 붙이면. 이 사람이 정말 착한 사람이면 감투를 봤어도 나쁜 일에 쓰지는 않았을 겁니다. 평소 안 보일 때 나쁜 일을 했기 때문에 그 감투를 봤을 때 망설임 없이 도둑질을 하러 갔죠. 그래서 나쁘다고 하는 겁니다. 그러면 여기에 대해 반대 의견을 말할 수 있는 사람?

아이들이 활발하게 이야기하고 이 선생님이 정리해서 말해주며 진행하다가 순이를 등장시킨 이후 학생들에게서 나왔던 얘기를 정리하여 말한다.

- 교사: 그러면 들은 것을 정리를 해봅시다. '나쁘다' 쪽에서는 '듣고 간 것도 나쁜 일이다', '만약 아저씨가 착했으면 감투고 안 듣고 갔을 것이다'라고 말했습니다. 근데 감투를 돌려주기 힘들다는 것은……. 그대로 두고 가면 된다는 거죠?
- 교사: '부지런하고 착하다'는 입장은 누구나 실수는 하는데 그 실수 딱 한 번 두 번이었다고 했습니다.
- 학생: 만약 진짜 나빴으면 하루에 20번 30번 도둑질을 했을 것 같아요.
- 교사: 진짜 나빴으면 도둑질을 더 했을 거다.
- 학생들: 예. 맞죠.
- 학생들: 들켜서 조금밖에 못 한 거잖아.

마지막으로 다시 손을 들어보고 토론을 마무리한다.

- 교사: 그러면 마지막으로 손만 한 번 들어보고 마무리하고 넘어가겠습니다.

    (부지런하다 12명, 나쁘다 10명)

'내가 만약 도깨비 감투를 얻게 된다면' 학생들 발표 내용

· 불태워 버릴 것이다.

· 원래 자리에 둘 것이다.

· 엄마 아빠를 놀래줄 것이다.

· 감투로 힘든 사람을 도와준 후 도깨비들에게 돌려줄 것이다.

· 찢어버릴 것이다.

· 시장에 팔아서 부자가 될 것이다.

· 안 쓰고 필요한 사람에게 줄 것이다.

· 끓는 물에 넣어 버릴 것이다.

· 마술을 부려 부자가 될 것이다.

· 감투를 팔아서 집을 살 것이다.

· 힘든 사람들을 도와줄 것이다.

· 나쁜 사람들을 잡아 돈을 받고 맛있는 것을 살 것이다.

수업으로 이야기하기

마음을 짐작하는 일

이 수업 이전에 아이들은 마음을 나타내는 말에 대해 충분히 학습한 상태다. 이 수업에서는 그것을 이용하여 그림책에 등장하는 인물의 마음을 직접 짐작한다. 아이들은 이런 활동이 처음이 아닌 듯 능숙하게 마음을 짐작하고 어떤 대목에서 그렇게 느꼈는지도 이야기한다. 보기엔 간단해 보이지만, 저학년 학생에게 이런 능력을 갖추는 것이 쉬운 일은 아니다. 이런 부분을 강조하여 수업하지 않는 이상 대체로 인물의 마음을 짐작하는 것도 어렵다. 마음을 나타내는 말을 학습했지만 이미 1학기 때의 일이고, 다양한 표현에 대해 알지 못하거나, 알고는 있지만 이를 이용하여 이야기하지 못하는 경우도 많다. 그런데 이 교실에서는 거기서 한 발 나아가 어떤 대목에서 그렇게 생각했는지 이유까지 말하는 것을 보면, 이 선생님은 평소 이를 위해 꾸준히 연구하여 수업을 디자인하고 실행했음을 엿볼 수 있다.

아이들이 마음을 짐작하여 공책에 쓰고 번호순으로 구조를 통해 발표하면 이 선생님이 학생 이름표를 붙이고 발표 내용을 칠판에 쓴다. 이 일련의 과정이 아주 익숙해 보였다. 아이들이 '마음을 몇 개 적을까요'와 같이 묻는 것에서 확실히 이런 형식의 수업 진행에 아이들이 꽤나 익숙함을 알 수 있다.

그림책을 이용하여 등장인물의 마음을 짐작하는 것도 좋은 방법이라 생각한다. 아이들의 삶을 중심으로 하여 수업을 진행할 수도 있으나 무턱대고 경험을 이야기해보자고 하면 저학년 교실에서는 그다지 신통한 이야기가 나오지 않는 경우가 많다. 또 경험을 이야기한다고 하더라도 고작 한두 문장으로 말하니 그 속에서 마음을 짐작해봐야 좋다, 나쁘다, 재미있다, 슬프다, 무섭다 정도의 몇 가지 표현밖에 나오지 않는다. 깊이 있게 이해하고, 상세한 맥락에서 이야기하기가 어렵다. 그런 면에서 그림책을 이용한 이 선생님의 방법이 다른 사람의 마음을 짐작하는 데에는 아주 좋은 방법이라고 생각한다.

그런데 아쉬운 점도 그림책을 이용하는 것과 관련이 있다. 아이들의 삶과 멀어진다는 점이다. 도깨비감투는 많은 사람들에게 익숙한 옛이야기지만, 현실에서 그런 감투를 얻을 일은 없다. 그런 이유로 이 수업은 마음을 짐작하는 것에서 한 걸음 더 나아가지 못한다. 그저 머리로 짐작할 뿐, 가슴으로 공감하는 단계에 이르지 못한다.

그렇지만 앞서 이야기한 것과 같이 그림책을 이용한 것은 충분히 좋은 방법이다. 고민할 방향은 그림책 내용에서 마음을 짐작하는 것에서 한 걸음 더 나아가 아이들의 실제 삶과 연계시킬 방안이다.

마지막 활동 '만약 내가 도깨비감투를 얻게 된다면'에 대한 답은 모든 학생이 참여한다는 점에서는 의미가 있겠지만, 어떤 면에서 아쉬움이 남기도 한다. 도깨비감투를 얻는 일이란 현실에서 있을 수 없다. 차라리 아이들의 삶과 연관시켜, 마음을 이야기하거나 공감할 수 있는 방향이었으면 어땠을까 하는 아쉬움이다. 그림책의 풍부하고 극적인 요소로 충분히 인물의 마음을 짐작하였으므로 마지막 활동을 통해 삶에서 느끼는 '마음'으로 나아갔으면 어땠을까 하는 생각이다.

아마 이 선생님은 마지막 활동에 큰 의미를 안 두었을지 모른다. 시간을 봐도 마지막 활동을 시작할 때는 이미 수업을 마무리해야 할 시간이기도 했다. 그야말로 마지막으로 모든 학생이 한 번씩 자신의 생각을 이야기하는 정도의 의미였을 것이다. 한 차시 더 할애하여 삶의 이야기로 나아가는 것이 좋겠다는 생각이다.

저학년 토의·토론

이 선생님은 토의·토론 방식의 수업을 지향한다고 했다. 과거 중학년 이상의 학생과 수업을 할 때 수업 공개를 한다든지 스스로 연구하여 수업을 촬영할 때 주로 했던 수업이 토의·토론 수업이라고 했다. 토의·토론 수업은 스펙트럼이 꽤나 넓어서 간단히 자신의 생각을 이야기하는 것도 토의·토론 수업의 하나라고도 하는데, 이 선생님은 그중에서도 본격적으로 논쟁점을 갖고 생각과 근거를 말하면, 그에 대해 반박하는 형식의 수업을 선호한다고 했다. 저학년 담임을 맡게 된 이후로는 그것이 상당히 어려워졌다는 생각에 시도 자체가 적었는데, 최근에는 저학년 아이들이 할 수 있는 만큼이라도 해보자는 생각으로 시도를 늘리고 있다고 한다.

이번 수업 토의·토론 장면에서 교실이 후끈 달아올랐다. 2학년 아이들은 나름대로 이유를 들어가며 자신의 생각을 이야기한다. 저학년 교실에서 이만한 토의·토론이면 아이들이 할 수 있는 그 이상을 해낸 것이라 생각한다. 이 선생님이 그동안 학생들의 사고력과 표현력 향상을 위해 힘쓴 성과가 잘 드러난 장면이었다.

> 평생을 부지런하게 살아온 아저씨가 짧은 기간 나쁜 행동을 했을 때 그 사람을 어떻게 판단해야 하는가?

상당히 매력적인 토의·토론 주제이다. 주제를 보자마자 사고가 활발해지고 이야기를 하고 싶은 마음이 절로 샘솟는다. 아이들도 그런 모습이었다. 이 수업의 클라이막스와 같은 모습이었다. 그렇지만 어른들로서도 섣불리 판단하기 어렵기에 저학년 교실에서는 포기할 법도 한데 이 선생님은 시도하는 쪽을 택했다.

아저씨가 살아온 인생 전체를 판단할 때 '부지런하다'라고 주장하는 아이들은 부지런하게 행동한 세월이 길고 드러난 나쁜 행동은 단 이

틀간임을 이야기한다. 그에 반해 '나쁘다'라고 주장하는 아이들은 나쁜 행동을 한 번이라도 하면 이미 나쁜 사람이라고 이야기한다. 양측의 논의는 여기서 더 나아가지 못한다. 양측을 지지하는 학생 수는 엇비슷하지만, '부지런하다'라고 주장하는 아이들의 이야기가 더 활발하기에 이 선생님은 같은 학년 가상의 학생 '순이'를 등장시켜 '나쁘다'라고 주장하는 쪽에 동조하는 의견을 이야기한다. 순이의 생각을 접한 후 양쪽의 주장이 엇비슷해지면서 소기의 목적을 달성한다.

몇 차례 이야기를 나눈 후 이 선생님은 토의·토론을 마무리하는데 아마도 고학년 교실이었다면 새로운 질문을 제시할 수도 있었을 것이다.

고작 한두 번의 나쁜 행동으로 그 사람 인생 전체를 판단할 수 있을까?
사람이 다른 사람을 온전히 판단할 수 있을까?
만약 판단하기 어려운 문제라면 잘못된 행동에 어떻게 대처해야 하는가?

논점을 명확히 짚어주든지, 한 단계 나아가서 새로운 논점을 제시하는 역할인데 첫 번째 질문은 저학년 대상인 본시 수업에서도 시도해 볼 수도 있겠다. 물론 높은 확률로 그에 대한 구체적인 논쟁으로 나아갈 수 없을 것이다. 본 수업에서도 아이들은 저 부분에 대해 주로 이야기했고 상대방의 주장을 반박하는 구체적인 근거를 이야기하기보다는 자신의 주장을 반복하여 이야기할 뿐이었으니 말이다. 그렇지만 저학년 아이들에게는 표현을 조금 달리하거나 논쟁이 될 수 있는 지점을 다시 상기시켜 주는 등의 방법으로 시도해 볼 만도 하겠다.

아이들에게 제시한 주제에 대해서도 달리 생각할 여지가 많다. 이 선생님은 아저씨에 대한 판단으로 '부지런하다'와 '나쁘다'를 제시하였는데, 양쪽이 반드시 대척점에 있는 속성은 아니다. 어쩌면 부지런한 속성과 나쁜 속성을 조금씩 갖춘 사람이 있을 수도 있다. 또 사람은 계속 변하기에 부지런하게 살다가 언젠가부터 나쁜 행동을 할 수도 있다. 또한 가변적이든 그렇지 않든, 그 사람의 속성과 그에 대한 다른 사람의 판단은 별개의 문제일 수도 있다. 이 주제는 생각하면 할수록 새로운 의문이 등장한다. 그만큼 사람이란 존재는 복잡하다. 그렇기에 어쩌면 이 선생님이 단순화하여 제시한 이 정도가 저학년 학생에게는 가장 적절한 형태인지도 모르겠다.

모두가 참여하는 수업

이 선생님이 발문을 하면 모든 학생이 자기 생각을 공책에 적고 번호순으로 구조를 통해 일부 아이들이 발표한다. 그리고 그 외에 다른 생각을 가진 학생들은 손을 들어 발표한다. 이 수업의 면면을 보면 모두가 참여하는 수업을 지향하는 것을 알 수 있다. 선생님이 이야기한 주제에 대해 모두가 자기 나름이 생각을 갖는 것이 모두가 참여하는 수업의 첫걸음이다. 우리도 학창 시절 교실에서 각자 경험하지 않았는가? 선생님께서 열심히 수업하실 때 다른 생각으로 상상의 나래를 펼치던 기억을. 아니 학생 시절에는 수업에 상당히 집중했을지 모른다. 내 경우 교사가 된 이후 연수나 강의를 들을 때 좀처럼 집중하지 않는 경우가 많다. 그렇지만 내가 진행하는 수업에서는 모든 아이가 참여하기를 바라며 수업을 진행한다. 모순적이긴 하나 수업하는 교사로서는 모든 아이가 참여하도록 하는 것이 당연하다. 그런 면에서 모두가 참여하는 수업을 위해 공책, 발표 방식 등 다양한 장치를 마련한, 이 선생님의 수업은 형식이라는 본질에 충실하다. 그리고 '삶의 이야기로 학습하기', '토의·토론하기' 등에서는 난점이었던 '저학년 교실이라는 점'이, 모두가 참여하는 수업 측면에서는 확실히 장점이다. 고학년 교실같이 누구도 발표하지 않고 조용한 것이 아니라 너도나도 자신의 생각을 이야기하는 일에 적극적이다. 물론 일부 소극적인 학생들이 있으나 이 선생님의 발표 형식, 수업 진행 방식을 통해 말끔히 보완하여 정말 대부분의 학생이 수업에 참여한다. 아이들이 발표할 때마다 이름표를 붙여가며 모든 이름표를 다 사용하는지 확인하여 수업을 진행하는 것도 이 선생님이 마련한 장치다.

그런데 한 학생이 유독 눈에 띈다. 다른 학생들이 대부분 열정적으로 수업에 참여하는 것과 대비를 이뤄 더 눈에 띄는 것 같기도 하다. '내가 만약 도깨비 감투를 얻게 된다면'이란 주제로 모든 아이들에게 1대1로 묻고 대답을 들을 때, 몇 차례 시도해도 좀처럼 입을 열지 않았던 한 학생에 관한 이야기다. 결국 이 선생님은 질문을 객관식으로 바꾸어 묻고서야 대답을 들을 수 있었다. 이전 장면에서도 이 학생의 수업 참여는 매우 적었다.

어떤 일은 한 차시 수업안에서 할 수 있는 것만으로는 해결되지 않는다. 모든 아이를 위한 장기적인 교육과정 및 수업 디자인과 별개로 특정한 한 학생을 위한 고민과 접근도 병행되어야 할 것이다.

이처럼 개인 요인과 다양한 변수가 많기에 모든 학생이 참여하는 수업을 수업기술이나 계획을 넘어, 결과로서 달성하기는 꽤나 어려운 일일 수 있겠다는 생각이다.

누구도 대신해 줄 수 없는 여행

아이들은 우리가 사는 이 세계에 찾아온 새로운 존재다. 신참자가 더 와 닿는 단어이긴 하나 평소 잘 사용하지 않는 단어이고 한자어라 새내기라고 하고 싶다. 어쩌면 새내기라는 단어가 갖는 신선함이 아이들에게 더 적절한지 모른다. 아이들은 평생 세상을 탐색하고 학습해 나가게 된다. 그 과정에서 학교생활, 특히 저학년 과정은 시작이라는 측면에서 어렵기도 하고 의미가 있기도 하다. 아직 익숙하지 않은 언어를 익혀가고 이 세계에 맞는 사고 양식을 배우며 자신이 하고 싶은 일을 탐색하는 첫걸음을 내디딘다. 이 세계에 익숙하지 않은 시기인 만큼 때로는 어려움도 만나고 욕망이 좌절되는 경험을 겪기도 한다.

이 시기를 겪는 아이들을 대할 때 교사로서도 어려움이 있다. 성인으로서는 시작의 시기를 겪은 것이 너무 오래됐다는 점이다. 그리고 수업의 주된 도구도 의사소통과 그를 위한 언어이기에, 언어 능력이나 이해 능력이 아직 충분치 않은 저학년 학생들을 대상으로 수업하는 일은 익숙한 일이 아니다.

인간 언어의 한계는 이미 충분히 익힌 성인으로서도 실제적인 어려움이 있다. 토의·토론 수업, 질문 중심 수업 등 수업의 종류를 의미하는 다양한 단어 조합 그리고 수업기술. 이런 것들을 진정 자신의 것으로 받아들이고 사용할 수 있는 경지는 언어 이상의 무언가를 익히는 일이다.

또 인간의 한계는 무엇이 진리고 가장 좋은 길인지 판단하기 어렵게 한다. 저학년 아이들에게 중요한 것은 무엇일까? 놀이 중심 수업, 활동 중심 수업, 사고력 신장 수업 이런 것들의 일면은 긍정적일 텐데, 그렇다고 각각이 갖는 하나의 방향만을 추구하는 것은 반드시 옳은 길이 아닐 수도 있다. 인간이 만든 어떤 것도 완벽하지 않기에 무엇을, 얼마나, 어떤 방식으로 추구해야 하는지 판단하기 어렵다. 앞서 걸어간 선생님들이나 책에서 어떤 길을 제시하지만, 그것 또한 완벽하지 않다. 어떤 일면을 강조하여 표현한 것이지, 그것만이 전부는 아니다. 그래서인지 수업은 항상 어렵고 저학년 수업은 더 어렵다.

우리는 그 누구도 대신해줄 수 없는 여행을 한 후 스스로 지혜를 발견해야 한다.

-마르셀 프루스트

마르셀 프루스트의 저 말이 수업하는 일에도 들어맞는다. 수업이란 것의 특성상 수업기술을 강의에서 눈과 귀로 접하거나, 책으로 읽는다고 하여 그 기술이 내 것이 되는 것은 아니다. 그렇기에 수업을 이야기하는 일은 항상 조심스럽고 수업하는 일을 어렵다. 수업을 이야기하는 단어들, 여러 수업기술을 익히고 온전히 자신의 것으로 만드는 것은 그 누구도 대신해줄 수 없는 일이다. 각자의 교실에서 부단히 갈고 닦는, 질 높은 경험이 필요하다. 그것이 수업을 이야기하는 단어들에 대한 감수성을 높이고 그 단어들을 온전히 자신의 것으로 사용할 수 있는 길이다. 프루스트의 표현대로 스스로 여행을 한 후, 그 단어가 자신에게 내면화되어야 한다.

이 선생님의 수업을 통해 '저학년 수업', '토의·토론 수업', '모두가 참여하는 수업'이라는 단어 조합들이 어떻게 변주되고 어떤 모습으로 이 선생님에게 내면화되었는지 엿볼 수 있었다. 나를 포함한 많은 선생님들이, 수업을 이야기하는 자신의 단어를 만들어갔으면 한다.

📍 수업을 비평하는 일

수업비평을 만나다

일반적으로 비평이라고 한다면 영화나 소설, 그림 같이 문화·예술 분야 창작물을 그 대상으로 한다. 그런데 수업을 비평한다는 것이 참 생소하다. 일반적으로 비평의 대상은 특수한 경우를 제외하면 대체로 흥미롭기 마련인데, 수업이란 것은 그렇지 않다. 특히나 다른 사람의 수업을 자세히 보는 일은 쉽지 않다. 나 같은 경우 1년에 몇 번 내 수업을 촬영하는 일이 있지만, 촬영 후에 이를 보는 일은 그리 많지 않다. 내 수업을 통해 수업 비담협의회를 한다든가, 수업을 전사할 필요가 생기는 경우에나 다시 보게 된다. 이것도 주로 내 수업에 한해서고 다른 사람의 수업은 1년에 겨우 한 번 정도 보는 것이 고작이다. 물론 마음만 먹는다면 에듀넷 사이트 등에서 쉽게 찾아서 볼 수 있지만, 적어도 나에겐 수업이란 것이 연구를 위해서 찾아는 볼 수 있어도 재미나 흥미에 의해 찾아볼 만한 것은 아니다. 그런 점에서 수업을 비평한다는 일은 여전히 어색하게 다가온다.

2017년이던가? 아이함께연구회에서도 여름 무렵부터 수업비평과 관련한 몇 차례 모임을 갖고, 그해 겨울 수업비평문과 그에 대한 이야기를 중심으로 수업페스티벌 행사를 개최하기 시작했다. 2019년까지 이어진 행사는 코로나19로 인해 오프라인 모임이 어려워진 이후로 온라인으로 진행되고 있지만, 수업비평이란 주제를 온라인으로 지속해 가기는 어려웠다.

2017년 처음 수업비평이란 말을 접했을 때는 이것을 왜 하는지, 이것으로 무엇을 얻을 수 있는지 전혀 이해하지 못했다. 영화나 책처럼 이것을 꼭 감상하고 싶다는 생각을 주지 않는, 수업이란 것을 대상으로 비평문을 쓰는 일, 비유나 상징을 이용하여 수업에 대해 글을 쓰고 그 메타포를 논의하는 일이 너무나 어색하게 여겨졌다. 특히 후자의 경우 수업을 직접 논의하는 것이 아니라 왜 비유적 표현을 이용하여 논의해야 하는지 이해할 수 없었다.

당시 내가 연구회 수업페스티벌 무대를 위해 수업비평문을 제출할 의사도 기회도 없었지만, 그 준비 과정에서 쓴 글은 수업비평문이라기보다는 그저 내가 쓰고 싶은 글이었다. 수업의 구석구석을 살펴보고 고민한 후 그에 관해 쓰고 싶지 않았기에, 한 가지 꽤나 포괄적인 주제를 정해서 적었을 뿐이었다. 그러다 보니 진정성이 없거나 의도가 명확하지 않은 글이 되기도 했다.

그러다 수업비평에 대해 더 알아보고 제대로 써보자는 생각이 들었다. 직접 해봐야 제대로 판단할 수 있겠다고 생각했다.

이어지는 글은 수업비평문에 대한 소감이기도 하다. 보통 수업자가 자신의 수업에 대해 쓴 비평문을 읽고 그에 대한 글을 쓰는 경우, 단순히 소감이거나 자신의 수업을 통한 비평문에 대한 비평, 이른바 반비평문을 쓰게 된다. 그런데 내 수업을 보고 스스로 비평문을 작성한 나 같은 경우는 반비평을 작성하자니 전체적인 과정이 너무 작위적으로 흐를 것 같았다. 그래서 이 글은 반비평문이라기보다는 비평문을 작성한 과정에 대한 소감이거나, 수업을 보고 비평문을 쓰는 과정에서 깨달은 점을 적는 메타비평에 가깝다.

수업비평문 작성, 새로운 시선을 갖다

코로나19로 수업비평에 대한 연구회 활동도 위축되고, 수업비평에 대한 생각을 접어두고 있다가 이번에 처음으로 온전히 내 의지에 따라 수업비평문을 작성하였다. 이번 겨울방학 때 수업비평에 관한 책을 다시 보며, 내 수업을 보고 내 수업에 관한 비평문을 스스로 작성하면서 느낀 점을 간략히 남긴다.

그동안 책꽂이에 꽂혀만 있던 수업비평에 대한 책들을 조금씩 읽고 직접 내 수업에 대한 비평문을 써보니 수업비평의 순기능을 이해하게 되었다. 이어지는 내용은 수업비평문을 쓰며 깨달았던 내 수업에 관한 이야기다. 수업비평문에서는 마치 다른 사람의 이야기처럼 적었던 부분을, 여기서는 내 표현으로 다시 정리한 것이다.

이전에는 마음을 나타내는 말을 익히고 온작품읽기를 통해 등장인물의 마음을 짐작하는 수업 형태에서 특별히 부족함을 느끼지 못했다. 그런데 수업비평문을 쓰기 위해 수업을 다시 살펴보고 여러모로 생각해보는 과정에서 '마음을 짐작하는 것이 충분히 이루어졌다면, 한걸음 더 나아가야 하지 않겠는가?', '진정한 공감으로 나아가려면 아이들의 경험을 소재로 삼아야 하지 않는가?'라는 생각이 들었다. 물론 마음을 나타내는 말을 알고 이야기 등에서 마음을 짐작하는 것이 익숙해지고 난 이후에야 가능한 일이라고 생각한다. 이전에는 그림책이나 시 등을 읽고 마음을 짐작하는 것만으로 만족했는데, 이제 이후에 나아가야 할 방향을 함께 고려하여 생각할 수 있게 되었다.

4년 전 『도깨비감투』 그림책으로 처음 수업하던 때 '아저씨를 어떻게 판단할지'에 대해 토론하면 좋겠다고 생각했지만, 실제로 시도하지는 못했다. 저학년 학생들에게는 그만한 토론 수업이 무리라고 생각했기 때문이다. 이번에는 '어느 정도는 할 수 있지 않을까?', '일단 해보자'는 생각이 들어 시도하게 되었다. 물론 저학년 학생들이라 높은 수준의 토론을 기대하기는 어려웠지만, 활발하게 자신의 생각을 이야기하는 모습을 보며 앞으로 더 정교한 진행을 통한다면 더 완성도 높은 수업이 될 수 있을 것이라 기대하게 되었다. 처음에는 기대가 크지 않았기에 '한번 시도해보자' 정도로만 생각했지, 토론 수업 진행 시 발문이라든지, 새로운 질문 제시 등의 장치 마련에 아주 치밀하지는 않았다. 저학년 교실일수록 세세한 부분에서 더 많은 고민과 준비가 필요하다는 것을 간과한 것이다. 물론 저학년 학생이라는 한계점이 명확하기에 불가능한 부분은 있다. 그러나 학생들이 더 나아갈 수 있을 여지가 있다면 교사로서 더 이끌고 도와줄 수 있는 일이다.

내 수업에 대해 내가 비평하자니 다소 난감한 면도 있었다. 수업 영상을 다시 봤지만, 이미 내가 머릿속에 그려놓고 시작한 수업이었기에 신선한 관점을 찾기가 쉽지 않았다. 수업비평문을 쓰는 데에도 상당히 오랜 시간이 걸렸다. 어떤 관점으로 쓸지 정하지 못하고 있었으니, 수업 장면 기술과 그에 따른 해석을 적어두고 이것을 전체적으로 일관성 있게 정리하기도 어려웠다. 그래서 도입부와 결론부를 쓰지 못하고 지지부진하게 보낸 기간이 꽤나 길었다. 하지만 달리 생각하면 이 정도로 수업을 자세히 보고 거기서 새로운 방향을 찾아낼 수 있었던 것은 내 수업이기에 가능한 일이었다는 생각도 든다.

인간은 진실을 안다고 이야기하지만 언제나 그 자신이 생각하는 진실만을 알고 있을 뿐이다. 다시 말해 인간이 알고 있는 진실은 자신의 관점에서 바라본 하나의 양상에 지나지 않는다.

-프로타고라스

저학년 수업을 연구한 지 5년, 내 수업이 항상 옳다고는 생각하지 않았지만, 몇 가지 수업전략이나 수업 형식을 구안한 후는 그에 대한 고민이 소홀했던 것도 사실이다. 내가 관성에 빠져 있는지 모른다고 생각하게 한 것이 이번 수업비평이었다. 그동안 미처 갖지 못했던 의문이나 새로운 방향에 대해 생각해볼 수 있었다. 또한 수업비평이라는 단어가 한결 가까워진 느낌이다. 수업비평문에서 이야기한 것처럼 단어에 대한 인식은 개인 경험의 양과 질, 그에 따른 감수성에 달린 일이기 때문이다.

'계간 우리반'을 발행하다

출판 방법는 기준에 따라 2~3가지 정도가 있다. 우선 『교사교육과정, 수업전략을 만나다』처럼 출판사에 투고하여 계약하고 저자가 출판에 관한 비용을 부담하는 일 없이 진행하는 기획출판이 있다. 그리고 저자가 모든 비용을 부담하여, 계약한 수량만큼을 찍어내는 자비출판이 있으며, 저자와 출판사가 적절하게 출판 비용을 나눠서 부담하는 반기획 출판이 있다. 자비출판의 한 종류로 독립출판이 있는데 출판사 없이 저자가 편집, 디자인, 유통 등을 모두 맡아서 하게 된다. 이런 경우 대체로 대형서점에 납품하기는 어렵다. 독립서점을 이용하는 경우가 많은데, 기성 출판사를 통해 나온 책들에 비해 다양한 시도를 하고 저자의 개성이 확연히 묻어나기도 한다. 독립출판물의 자유로움에 매력을 느껴서 언젠가 시도해보고 싶다는 생각도 든다.

우리 반 소식지 '계간 우리반'은 독립출판에 대해서 생각하다가 나온 아이디어에서 비롯되었다. 독립출판물 중 만든 사람의 개성이 묻어나는 다양한 잡지에 대해 듣고, '수업에 관한 잡지를 만들 수는 없을까'라는 생각을 갖게 되었다. 이를 위해 눈에 보이는 어떤 예시가 필요할 것 같아서 만들게 된 것이 '계간 우리반'이다. 내 계획은 다음과 같았다.

처음에 '계간 우리반'을 만들어서 예시 자료로 보내면, 그것을 참고하여 뜻있는 사람들이 원고를 보낸다. 이렇게 원고를 모아서 만들어지는 웹 매거진을 발행한다. 이 모든 과정은 이메일을 통해 이루어진다. 구독료는 없고 원고를 내는 사람들이 창작자인 동시에 구독자이다. 1년에 한 번 이상 원고를 제출하면 그해 잡지를 구독할 수 있다.

처음부터 나 혼자 만들기는 어렵다고 여겨 '계간 우리반'을 예시로 보여주며, 주변 친구나 연구회 선생님들에게 웹 매거진을 발행에 대한 의향을 물었다. 그러나 '차라리 함께 책을 한 권 더 내는 것은 어떤가?'라고 제안하기도 하고 학급 소식지를 보고 '대단하다'는 정도의 반응만 보일 뿐, 선뜻 나서는 사람이 없었다. 그래서 일단은 보류하고 우리 반 소식지 발행에 주력하기로 했다. 지금은 또 1년여의 시간이 지나가고 있어 웹 매거진에 대한 그때의 의지는 많이 희석되었다. 미래는 알 수 없으니 어떻게 될지 지금으로서는 알 수 없다.

여기서는 아직 실행하지 않은 웹 매거진보다는 '계간 우리반'에 대해 소개하고자 한다. '계간'이라는 말 그대로 1년에 4번 계절별로 발행하는 우리 학급 소식지다. 아무래도 소식지이므로 수업 기록과는 성격이

다르다. 수업 기록은 교사교육과정이나 수업을 어떻게 디자인하고 어떤 식으로 진행하였는지를 기록하는 것이 목적이다. 그에 비해 소식지에 들어가는 글은 신문 기사와 유사하기도 하고 약간은 문학적인 성격을 갖기도 한다.

독자는 학부모로 설정하고 적었다. 먼저 들어가는 이야기가 있고 그에 따른 하위 주제가 3가지 정도 되며, 그 하위 주제 아래 관련 내용을 사진과 함께 서술하였다. 기록이 아닌 소개의 성격을 갖는 글이기에 수업 내용이 모두 들어가도록 정리하는 것이 중요한 부분은 아니었다. 주제에 맞는 글이 우선이었고 신문 형식이다 보니 때로는 분량도 중요한 요소였다. 그래서 『7년 동안의 잠』 온작품읽기와 같이 꽤나 장기적으로 운영한 프로젝트도 고작 몇 줄로 언급만 하기도 했다.

소식지를 쓰는 과정에서 좀처럼 진도가 나가지 않던 글은 역시 '들어가는 이야기'다. 하위 분류의 글은 주제를 정하고 실천한 수업을 분류해두면 재료는 이미 충분하기에 쓰는 것이 그리 어렵지 않다. 또 분량도 짧다. 그에 비해 '들어가는 이야기'는 전체 주제 선정에 대한 고민이 있고 그것을 구체화해야 한다. 분량도 다른 글에 비해 길다는 측면에서 고민이 많이 되는 부분이다. 내 경우, 4회 전체 주제를 대략 머릿속에 그려놓고 가끔 시간이 날 때마다 그 주제에 맞는 글을 써보다가, 소식지를 발행할 시기가 다가오면 이전에 썼던 글을 가다듬어서 '들어가는 이야기'를 완성하였다.

학급 소식지는 그 자체로도 학급의 이야기와 그에 따른 내 생각을 알릴 수 있다는 점에서 충분히 의미가 있다. 그 외에도 학급 소식지에 쓴 글에서 어떤 힌트나 영감을 얻는 일도 많았다. 2021학년도에 내가 맡앴던 업무가 교육과정과 평가였기에 학교 통지표 표지 글을 직접 썼다. 그때 소식지에 썼던 글을 이용하거나 거기에 살을 더 붙여서 쓰기도 하였다. 특히 2학기 통지표에 썼던 '이야기를 통한 연결'에 대한 아이디어는 우리 학급 비전을 '우리 속의 이야기'로 바꾸게 하는 계기가 되었다.

이전 글에서 밝힌 것처럼 처음에는 네 차례 모두 신문 형태로 발행하려고 했는데 마지막은 특별호의 형태로, 시집을 만들었다. 신문 형태로 발행한 '계간 우리반' 1~3호는 각각 전체 3~4페이지 정도로 작성하였다.

다음은 학급에서 신문 형태로 발행한 '계간 우리반' 1~3호의 첫 페이지와 특별호인 시집의 표지이다. '계간 우리반' 1~3호의 상세한 내용은 이어지는 챕터를 통해 소개한다. 이 책의 다른 부분은 예사말로 서술하지만, 소식지에 들어갔던 글의 맛을 그대로 살려 전하기 위해 높임말 서술을 수정하지 않고 그대로 두었다.

3월, 처음 그리고 만남

나와의 만남

자연, 추억 그리고 놀이

봄을 만나다

우리 반 식물도감 만들기

동네 그리고 사람

동네를 만나다

동네 탐방하기

우리 속의 이야기
2021. 교방초등학교 2-3

07

계간 우리반 창간호

– 3월, 처음 그리고 만남

---

❶ 들어가는 이야기

아이들을 만나는 1년은 '만남과 헤어짐의 연속'이라는 세상사의 축소판입니다. 가장 먼저 맞이하는 3월은 만남의 시기입니다. 만남은 처음을 내포하고 있습니다. 처음부터 어긋난 관계는 여간해서는 되돌리기 어렵습니다. 반대로 첫 만남이 좋았다면, 관계가 흔들릴 수 있는 크고 작은 잡음에도 굳건하게 좋은 관계를 유지하는 경우가 많습니다. 3월은 만남의 시기이면서 동시에 처음의 시기입니다. 그런 의미에서 3월은 좋은 관계를 유지하기 위해 가장 중요한 시기입니다.

교방초등학교 2학년에서는 1학기 첫 프로젝트 수업을 '난 내가 좋아'라는 대주제 아래 '내 안의 나', '우리 속의 나', '빛나는 나'의 세 가지 소주제로 구성하였습니다. 간단히 말해 '나와의 만남'입니다.

'나와의 만남'에는 '너와의 만남'이 빠질 수 없습니다. 우리는 다른 사람을 이해하는 일이 어려운 것임은 잘 알고 있습니다. 그리고 자신을 이해하는 것 또한 어려운 일입니다. '내'가 '나' 자신을 알지 못한다는 것은 아이러니한 일입니다. 하지만 그런 이유로 우리는 끊임없이 나와 너를 만나고 소통하려고 합니다. 나를 모르기에 우리의 정신은 더욱 발전할 수 있는 것인지도 모르겠습니다.

3월 우리 반 아이들은 자신과의 만남을 갖고 또 친구들과의 만남을 가졌습니다. 계간 '우리반' 창간호는 나와의 만남, 너와의 만남 그리고 이를 아우를 수 있는 우리의 만남을 중심으로 내용을 구성하였습니다.

❷ 나와의 만남

자기소개

모임에 가면 가장 어색한 것이 자기소개 그리고 돌아가며 한 마디씩 이야기하는 일입니다. 교실에서 아이들도 마찬가지입니다.

저학년 학생들에게는 즉석에서 이야기하는 것이 여간 어려운 일이 아닙니다. 그리고 소개할 내용을 생각하는 것도 쉬운 일이 아닙니다. 간단하게 자신을 소개할 활동지를 작성하고 자유롭게 교실을 산책하며 서로 소개하려 했으나 코로나19는 교실 활동을 제한합니다. 한 사람씩 나와서 자신을 소개하는 것으로 만족하였습니다.

꼬마출석부

1. 내가 좋아하는 것: 친구, 가족♥
2. 내가 잘 하는 것: 피아노
3. 내가 되고 싶은 것: 메이크업아티스트

꼬마출석부

1. 내가 좋아하는 것: 그림. 고양이. 돈
2. 내가 잘 하는 것: 그림
3. 내가 되고 싶은 것: 화가

꼬마출석부

1. 내가 좋아하는 것: 운동 스트레칭
2. 내가 잘 하는 것: 그림 그리기
3. 내가 되고 싶은 것: 과학자

꼬마출석부

1. 내가 좋아하는 것: 미술
2. 내가 잘 하는 것: 피아노
3. 내가 되고 싶은 것: 화가

좋아하는 것 싫어하는 것

언뜻 간단해 보이지만, 막상 내가 좋아하는 것과 싫어하는 것을 적어 보면 생각할 것이 많습니다. 내가 좋아하는 것이 진정 내가 좋아하는 것인지 좋아한다고 착각하는 것인지, 사회나 다른 사람이 내게 주입한 생각은 아닌지.

내가 좋아하는 것이 무엇인지 알았다 하더라도 그것을 실천하는 일은 더 어렵습니다. 자신이 좋아하는 것을 이야기하고 좋아하는 일을 거침없이 실천하는 아이들 상황이 부럽기도 합니다.

성장흐름표

'난 오로지 나만 생각하오. 한 인간의 역사는 전 인류의 역사이니까.'

파울로 코엘료 '악마와 미스 프랭'에서 악마가 한 말입니다. 자신을 정당화하기 위한 궤변일 수 있습니다. 하지만 나라, 민족, 거대 담론 등에 개인의 삶은 가려지기도 합니다. 우리의 삶을 중심으로 지난날을 돌아봅니다.

❸ 너와의 만남

마음을 나타내는 말

　다른 사람을 이해하는 일의 기본은 그 사람의 마음을 이해하는 일입니다. 이미 잘 알고 있다고 생각했지만, 마음을 나타내는 말이 너무나도 많음에 아이들은 어리둥절합니다. 좀처럼 알 수 없는 나의 마음과 너의 마음을 알아갑니다. 마음을 나타내는 말을 나타내는 카드를 만들고 클레이로 표현하였습니다.

❹ 우리와의 만남

우리 반 로고

___

　나라에도 있고 회사에도 있고 또 학교에도 있는데 우리 반에는 왜 로고가 없을까? 우리 반 로고 만들기 활동을 하였습니다. 선정된 로고는 계간 우리 반의 첫 페이지 상단에 들어갔습니다.

우리 반 비전

56가지 미덕 중에서 우리 반 대표 미덕을 선정하였습니다. 우리 반 대표 미덕은 '우의', '용기', '감사'입니다. 여기에 행복은 모든 사람이 바라는 삶의 목표라고 생각하여 추가하였습니다.

08

계간 우리반 2호

- 자연, 추억 그리고 놀이

❶ 들어가는 이야기

어린 시절에는 언제나 시간이 많았습니다. 하루가 멀다 하고 동네 친구들과 산으로 들로 놀러 다니기 바빴습니다. 하루는 개울가에서 가재 잡기에 열중하다가 커다란 바위에 잔잔히 흐르는 물이 만든, 천연 미끄럼틀에서 시간 가는 줄 모릅니다. 또 하루는 천주산에 오르기도 합니다. 그저 산이고 개울가였지만, 우리의 상상력은 특별한 이야기를 만들어 냅니다. 산속에 있는 작은 집에서 누군가를 본 적이 있다느니, 저쪽 봉우리로 가면 그를 만날 수 있다느니. 그리고 가파른 내리막길을 뛰어 내려오다 만화에 나온 것처럼 여기를 굴러서 내려오면 더 빠르겠다고 말하기도 합니다. 실제로 구르지 않은 것이 천만다행이었습니다.

계절의 구분은 유난히도 뚜렷했습니다. 창원고등학교 화단에 사루비아 꽃이 피면 꿀을 빨아 먹고, 가을이면 매미채 하나씩 들고 잠자리 잡기에 열중합니다. 따뜻한 남쪽이라곤 하지만 그 시절 겨울은 유난히도 추웠습니다. 가끔 눈이라도 오면 신이 나서 눈싸움도 하고 눈사람도 만들었습니다. 자연은 우리에게 온전한 놀이의 공간이었습니다.

그에 비해 지금의 아이들이 자연을 접하는 일은 주말에 가족들과 식물원이나 산에 가는 것이 고작입니다. 어쩌면 일상적으로 접할 수 있는 자연은 학교 안의 정원, 아스팔트와 보도블럭에 포위당한 도로의 가로수 정도이지 않을까요? 과거에 자연 속에서 친구들과 놀았던 것에 비해 요즘 아이들은 휴대전화와 게임기의 작은 화면에 빠져서 넓은 자연을 만나지 못합니다.

『계간 우리반』 2호는 학교 안에서나마 자연을 만나고 놀이의 즐거움을 알아가는 모습을 담았습니다. 아이들은 봄, 여름, 놀이를 만나며 자연과 친구들의 소중함을 알았고 놀이의 즐거움을 직접 체험하였습니다.

❷ 봄을 만나다

봄의 모습 관찰하기

봄은 우리 아이들의 모습과 닮았습니다. 파릇파릇한 새싹과 알록달록한 꽃망울에서 학교라는 작은 사회에 첫발을 내디딘 아이들의 모습을 발견합니다.

가장 많이 보이기도 하고, 다양한 색을 자랑하는 철쭉, 꽃도 예쁘지만 '후' 불어서 날리고 싶은 씨앗이 더 눈에 들어오는 민들레. 학교 뒤편에는 진작부터 개나리가 폈습니다. 그중 으뜸은 역시 벚꽃입니다. 하얀 듯 연한 분홍색인 듯한 벚꽃이야말로 봄의 얼굴입니다. 파란 하늘 아래, 잎하나 없는 가지에서 피어난 하얀 벚꽃은 신비한 풍경을 자아냅니다.

우리 반 식물도감 그리기

　자신이 그린 식물의 설명을 간단히 적고 자신의 생각도 덧붙입니다. 어떤 면에서 2학년 아이들에게는 식물에 대한 정확한 설명보다는 한 마디씩 덧붙이는 자기 생각이 더 의미가 있습니다. '개나리가 봄꽃의 대표 같다.'며 자신의 생각을 표현하는 아이도 있었고 그동안 몰랐는데 직접 보니 소나무의 잎이 참 멋지다고 적은 아이도 있었습니다.

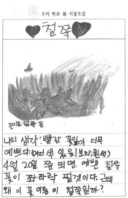

❸ 여름을 만나다

7년 동안의 잠

  여름은 그림책 『7년 동안의 잠』으로 공부하였습니다. 개미와 매미라는 친숙한 곤충을 통하여 생명이나 환경과 같은 중요한 가치를 다룹니다. 논쟁점이 뚜렷하여 토론 수업에도 이만한 그림책이 없습니다.

  '만약 나라면 매미를 놓아주었을까? 아니면 잡아먹었을까?' 이 질문 하나로 교실은 후끈 달아올랐습니다.

여름 동식물 관찰하기 •

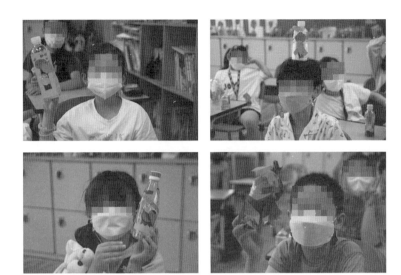

매미 마라카스 만들기 •

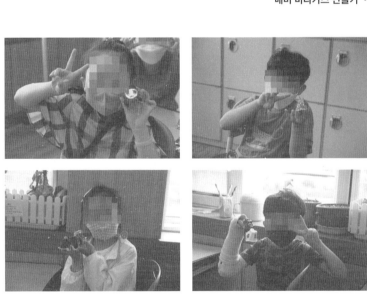

매미 마라카스 만들기 •

❹ 놀이를 만나다

전통과 놀자

   옛것 중에서도 보전할 가치가 있고 생명력이 남다른 것들이 전통이 됩니다. 아이들이 윷놀이, 제기차기, 고누놀이 등에 열중하는 모습을 보고 있노라면 전통 놀이에는 역시 시대를 초월하는 매력이 있다고 깨닫게 됩니다.

비사치기 •

몸으로 놀자

어린 시절 비사치기는 최고의 놀이 중 하나였습니다. 요즘에는 찾기도 어려운데 예전에는 크고 납작한 돌을 다 어디서 찾았을까요? 어떤 날에는 친구가 던진 돌에 내 돌이 두 동강 났습니다. 그저 돌인데 내 마음이 깨진 듯이 아팠습니다.

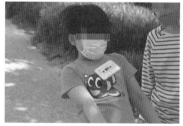

비사치기 •

자연과 놀자

아이들은 모래로 성을 쌓고 강을 만듭니다. 모래성에 꽃이 피기도 합니다. 식물 알아보기, 해먹에서 놀기, 슬랙라인 등 숲 체험 놀이를 통해 한바탕 잘 놀았습니다.

모래놀이 •

숲 체험 놀이 •

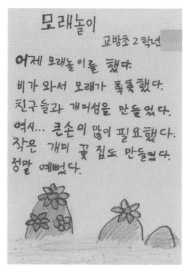

모래놀이
교방초 2학년

어제 모래놀이를 했다.
비가 와서 모래가 축축했다.
친구들과 개머섬을 만들었다.
역시... 큰손이 많이 필요했다.
작은 개미 꽃 집도 만들었다.
정말 예뻤다.

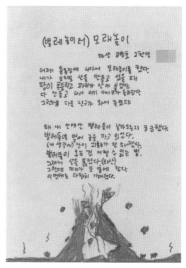

(벙레놀이 더) 모래놀이
마산 교방초 2학년

어제 운동장에 나가서 모래놀이를 했다.
내가 모래로 산을 만들고 있을 때
많이 흔들리고 파괴가 산에 일어났다.
다 만들고 나서 예가 아이쿠 꾸쾅꾸쾅했다.
그런데 다른 친구가 와서 구경했다.

왜 내 손에서만 벙레들이 날아오는지 궁금했다.
벙레들에 벌써 굴을 파고 있었다.
(내 생각에) 산이 고통하고 잘 흔나겠다.
벙레들이 오는 건 어쩔 수 없는 법.
그래서 산을 통한다 (화산).
그런데 개미가 또 왔다.
이번에는 다행히 가까웠다.

모래놀이 - 시 쓰기 •

슬랙라인
교방초 2학년 3반

학교에서 슬랙라인을 했다.
비틀비틀 다리가 욱 덜덜
우 덜덜덜 떨어졌다.~

재밌는 숲놀이
교방초 2학년

숲에도 과속방지턱
둥글 개
해를 막을 때
후텁지근해어
슬쩍 라인도했어
원주머니도재밌어
허벅지에 닿을수록아파
들어서 재밌어
모두다 재밌어

숲 체험 놀이 - 시 쓰기 •

183

09

계간 우리반 3호

- 동네 그리고 사람

---

❶ 들어가는 이야기

여러분에게 다른 사람은 얼마만큼의 의미를 갖나요? 언제부턴가 삶에서 '나'가 차지하는 비중이 너무도 커졌습니다. 반면 타인의 비중은 너무나 줄었습니다. 코로나19 사태 이후로 이 흐름은 더 큰 힘을 얻은 것 같습니다.

아파트에 살면, 오고 갈 때 엘리베이터에서 이웃 사람들을 만납니다. 그들은 우리에게 어떤 의미일까요? 엘리베이터에서 여러 사람을 만나지만 그 사람의 얼굴을 기억하지 않습니다. 어쩌면 얼굴을 보지 않는 것이 맞을 수도 있습니다. 형식적이나마 인사말이 오가기라도 하면 다행이고 기껏 인사를 해도 대꾸조차 하지 않는 경우도 많습니다. 그리고 시선은 어김없이 휴대전화로 향하거나 괜스레 엘리베이터가 현재 이동하고 있는 층수를 멍하니 보고 있기도 합니다. 이웃들 앞에서 우리는 스스로 눈을 가립니다.

내가 어렸을 때 이웃에 있던 가게라든지 동네 사람들에 대해 어떤 가게가 어디 있었고 어떤 사람이 어디 살았는지 지금도 웬만큼 이야기할 수 있습니다. 지금 가서 보면 너무도 조그마한 동네지만 당시로서는 온 세상이었습니다.

아이들에게 우리 동네는 어떤 의미일까요? 과거보다 덜할지도 모르지만, 아이들에게 우리 동네가 하나의 세계인 것은 변함이 없을 것입니다. 잘 모르는 이웃은 알고 보면 멋지고 친절한 이웃인지도 모릅니다. 모르기에 막연히 경계하고 두려워하고 있었는지도 모릅니다. 동네를 탐험하는 것은 한 세계를 탐구하는 것입니다. 어쩌면 아이들은 우리 동네에 얼마나 좋은 사람들이 살고 있고, 우리 동네가 얼마나 멋진 곳인지 알고 있었는지도 모릅니다.

파란 하늘 아래의 세상은 가을의 색으로 물들어갑니다. '이렇게나 멋진 가을날'이란 표현이 절로 떠오르는 이 계절에 아이들은 우리 동네를 만나고 우리 이웃을 만났습니다.

❷ 동네를 만나다

동네를 탐험하다. 동네를 그리다.

아직 더위가 가시지 않았던 10월 중순 동네를 살펴보기 위해 학교를 나섰습니다. 학교 후문에서 출발하여 상록아파트를 지나 교방천을 따라 내려옵니다. 멀찍이 의신여중 건물을 확인한 후 만난 새마을회관 앞에는 빨간 꽃이 예쁘게 피었습니다. 학교 앞 익숙한 가게들을 지나 멀리 자이 아파트를 보고 행정복지센터로 향합니다. 행정복지센터를 방문한 사람들이 아이들의 모습을 보며 흐뭇해합니다. 롯데캐슬아파트, 벽산블루밍아파트를 지나 비둘기 공원에서 즐거운 한때를 보냈습니다.

교실에 돌아와서는 우리 동네에 있는 여러 가게나 시설을 그림으로 표현하고 우리 동네 그림지도를 완성하였습니다.

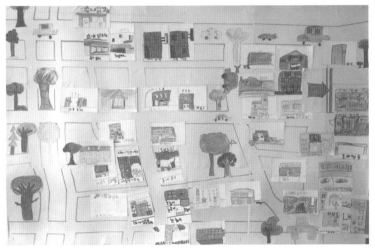

우리 동네 그림지도 완성 •

동네를 이야기하다.

아이들은 모두 저마다의 이야기를 가지고 있습니다. 그 이야기들로 아이들은 서로 이어지기 시작합니다. 서로를 잇는 선이 거미줄같이 늘어나면서 우리 동네는 이야기들로 넘쳐나는 하나의 세계가 됩니다. 동네를 탐험한 후 자신들의 이야기를 시로 표현하였습니다.

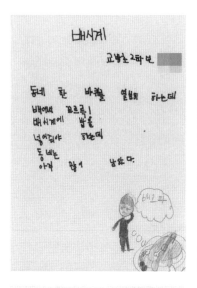

배시계

교방초 2학년

동네 한 바퀴를 열심히 하는데
배에서 꼬르륵!
배시계에 밥을
넣어줘야 하는데
동네는
아직 많이 남았다.

토요일

교방초 2학년

엄마와 아빠는
토요일에 늦은 밤까지
일하고 온다.
그래서 전화를 많이 한다.
전화를 하고 ㅆㅆ
안심된다.
그리고 엄마가 조금 기억나

제목: 가을

교방초 2학년

가을이 발을 내밀었다.
이제 춥다. 바람도
많이 분다. 밤엔
더 춥다. 가을 위
이렇게 추우면
더 추운 겨울엔
어떻게 하라는 거제?

미용실

교방초 2학년

그 날은 미용실에 들어갔다
머리를 자르고
엄마가 동생을 데고 온다고
해서 핸드폰을 하고 있었다.
엄마가 오자 동생도
머리를 자랐다.
그리고 미용실 이모가
돈을 주셨다. 나는"
감사합니? 라고했
다. 그뒤로 우
리 엄마는 그미용
실 단골손님이 되었다.

❸ 사람을 만나다

만나다

 동네가 살아 숨 쉬는 것은 다양한 사람이 있어서 그러합니다. 이른 아침 분주하게 장사 준비를 하는 동네 상인, 동네 사람들의 행정 업무를 돕는 행정복지센터 직원, 은행 업무를 돕는 은행원, 동네의 치안을 책임지는 경찰관, 동네가 깨끗해지기를 바라며 새벽부터 일어나 일을 나서는 환경미화원 등 많은 사람들이 있어 우리 동네가 건강해집니다.
 코로나19로 인한 거리두기로 함께 나가서 인터뷰 활동은 하지 못하고 각자 부모님이나 이웃 사람을 만나 이야기를 나누었습니다.

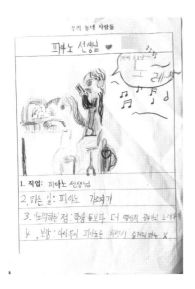

소개하다

어떤 사람이나 대상을 이해하고 아는 데에는 그저 보고 듣는 것만으로는 부족합니다. 보고 듣는 데에도 관점이 필요하고 이를 정리하여 자신의 표현으로 글을 쓰는 것이 무엇보다 중요합니다. 이것을 자신의 표현으로 이야기할 수 있으면 금상첨화입니다.

아이들이 만난 여러 직업을 가진 동네 사람들에 대한 정보를 정리하고 소개하는 글을 썼습니다. 이것을 친구들에게 소개하고 다섯 고개 문제를 내고 맞히는 시간을 가졌습니다. 그리고 난 후 1학년 후배들을 초대하여 우리 동네를 소개하는 시간을 가졌습니다. 그동안 갈고 닦은 핸드벨 연주 솜씨도 뽐냈습니다.

❹ 동네를 꿈꾸다

동네를 위해 할 수 있는 일 – 플로깅

  익숙한 것 같았던 동네를 다시 살펴보고 그림으로 표현했습니다. 부모님이나 동네 사람들이 하는 일에 대해서도 알아보고 소개하는 글도 써봤습니다. 이렇게 우리 동네와 사람에 대해 더 많이 알게 되니 우리 동네가 더 가깝게 느껴집니다. 한걸음 더 나아가 무학산, 우리 동네 그리고 우리 학교를 산책하며 버려진 쓰레기를 깨끗이 주웠습니다. 평소에는 눈에 들어오지 않았는데 관심을 가지니 곳곳에 버려진 쓰레기가 많이 보입니다. 동네가 깨끗해진 만큼 아이들의 마음도 고와졌으리라 생각합니다.

살고 싶은 우리 동네 만들기

어린 시절에는 콜라 한 병이 아주 커 보였습니다. 고작 350ml 가량이었는데 콜라병에 빨대를 꽂아 마시면 그렇게 만족스러울 수 없었습니다. 병에 담긴 베지밀B에 대한 기억도 각별합니다.

그 시절에는 콜라 한 병, 사탕 하나에도 충분히 행복했습니다. 그런데 나이를 먹으면서 욕망은 걷잡을 수 없이 커집니다. 수십만 원에서 수백만 원에 달하는 전자제품, 값비싼 자동차 등 우리의 욕망은 쉽게 소유할 수 없는 것을 원합니다.

그런데 생각해보면 사탕 하나를 그렇게 행복하게 먹은 기억은 어릴 때 이후로는 없습니다. 자라서는 값비싼 무언가를 소망하지만, 정작 그것을 열망하는 마음이나 갖게 된 것을 누리는 정도는 어릴 적에 비할 바가 아닙니다.

아이들의 강렬한 열망을 담아 살고 싶은 우리 동네를 만들어 보았습니다. 건물을 만들고 도로를 오려 붙이고 잔디밭과 하천을 그려 넣어 완성하였습니다.

제4장

교사,
책 쓰기를 위한 6가지 조언

목차를 정하라

어떤 주제에 대해 수업을 준비하거나 어떤 일을 추진할 때 미리 계획을 세우게 된다. 전체적인 개관을 통해 해야 할 일의 목록을 만들고 차례대로 진행해야 짜임새 있게 추진할 수 있다. 책을 쓸 때는 목차 정하기가 이런 역할을 한다.

목차 쓰기를 여기에 넣었지만 사실상 목차는 구체적인 수업전략을 선정하고 실천을 준비하는 과정에서 대부분 정해지기도 한다. 그때 이미 최초 버전의 목차를 썼을 것이다. 나도 2017년부터 2019년까지의 수업 실천을 기록한 2학년 수업전략 목차는 2017년에 이미 써 보았다. 다만 이 단계에 쓴 목차는 글을 쓰기 위한 것이라기보다는 수업 실천의 방향을 명확히 한다는 측면에서 작성한 것이기에, 지금 단계에서 설명하는 목차 정하기와는 구분된다. 요컨대 이제는 본격적으로 책 쓰기 작업에 돌입하기 위한 목차를 정하는 것이다.

이전 단계에서 작성한 목차를 그대로 가져갈 수도 있지만, 아무래도 수업을 진행하면서 방향이 달라지기도 하고 세부적인 부분에서 변경되기도 한다. 이때 작성한 '버전2'의 목차대로 글을 써나가며 그 과정에서 또 목차가 변경되기도 한다. 그리고 한참 후의 일일 수도 있지만, 출판사 편집자와 함께 원고를 수정하는 과정에서 또 목차가 변경되기도 한다.

『교사교육과정, 수업전략을 만나다』의 원고를 쓸 당시에 내가 생각한 제목은 '초등 2학년 수업전략'이었다. 그리고 아래는 처음 가제에 따라 작성하고 써나가려 했던 당시의 목차이다. 책이 출간되는 과정에서 목차가 변경되었으나, 책의 전체적인 흐름을 파악하고 그에 따른 글쓰기 과정을 연관시키기에는 초기의 목차를 참고하는 편이 더 좋겠다고 판단하여 먼저 제시한다.

책의 목차는 3개의 큰 주제로 이루어져 있다. 제 1장 '왜 수업 전략인가'에는 초등 저학년 수업의 어려운 점과 이를 해결하기 위한 수업 전략의 필요성을 담았다.

제 2장 '2학년 수업전략 이론편'에서는 구체적인 수업전략을 챕터별로 하나씩 적용 사례와 함께 제시하였다.

제 3장 '2학년 수업전략 실전편'에서는 2학년 교육과정 재구성 사례를 다루었다. 여기서 제시한 재구성 사례는 2장에서 소개한 수업전략을 적용한 사례이다.

간단히 분석해 보면 1장은 내가 정한 주제, '초등 2학년 수업전략'은 무엇이고 어떤 이유나 배경에서 연구하였는지를 소개한다. 초등저학년 수업의 어려운 점을 알아보고 이에 공감한다면 2장부터 이어지는 실질적인 내용에 흥미를 갖게 된다.

2장부터는 본격적으로 내가 다루고자 하는 내용을 펼쳐놓았다. 나는 수업전략과 함께 교육과정 재구성 사례도 제시하기 위해 2장은 이론편, 3장은 실전편으로 이름 붙였다.

책에서 다루는 주제에 따라 목차 형식은 바뀔 수 있으나 많은 경우 내가 한 것과 같이 개념 설명이나 필요성 등의 도입을 다루는 1장, 본격적인 이야기를 다루는 2장, 3장 등으로 목차를 구성한다. 경우에 따라 큰 주제로 묶지 않고 다수의 챕터들로 목차를 구성하되 초반 3~4개 정도의 챕터에는 도입을 다루고 이어지는 챕터에서 본격적인 이야기를 다루기도 한다.

내 책의 목차를 중심으로, 일반적인 목차 형태를 소개하였으나 책의 주제에 따라 목차 형식을 달리할 수 있으므로, 서점에 가서 자신이 쓰고자 하는 책과 유사한 여러 책의 목차를 참고하여 목차를 정하는 것이 좋다.

다음은 출판사와 협의를 거쳐서 확정된 『교사교육과정, 수업전략을 만나다』 최종 목차이다. 실제 책이 되는 과정에서는 같은 내용이라도 어떤 말로 표현하느냐가 중요한 부분이다. 그런 점을 반영하여 확정한 목차이다. 기존 목차와 최종 확정된 목차를 비교하여 살펴보면서, 자신이 작성한 목차를 어떤 방식으로 서술하는 것이, 출판사 투고나 책 판매에 유리한지 점검해 보기를 바란다.

애착이 가는 장비를 활용하라

나는 다양한 물건에 관심이 많고, 한 번 관심을 갖게 되면 같은 종류의 물건을 여러 개 사기도 한다. 그중 하나가 전자제품이다. 지금도 노트북과 태블릿은 몇 개인지 확인해 보아야 할 정도이고, 모니터는 방마다 하나 이상을 두고 있다. 나보다 더한 사람도 많겠지만, 이를 잘 활용하지도 않는 나에게는 과분한 장비다.

'책 쓰기를 통해 혹시라도 수익을 얻는다면 노트북 구입비 정도 벌지 않을까?' 하는 생각을 하면서, 책 쓰기는 주로 노트북을 이용한다. 물론 그것도 쉽지 않다. 책을 써서 그만한 수익을 얻는 일이 그리 쉬운 일이겠는가?

이제 본론으로 들어가자면, 이번 챕터에서는 책 쓰기에 활용하는 도구에 대해 이야기하기로 한다. 아무래도 글만 쓰기에는 노트북 화면 크기 정도가 딱 적당하다. 화면 크기가 적당하다는 것은 사람마다 기준이 다를 수 있지만, 나의 경우 정말로 글 쓰는 일에만 집중하고자 한다면 13인치대 노트북으로도 충분하다. 화면이 큰 경우에는 다른 창을 함께 열고 싶어진다. 옆에 영상을 하나 켜 두고 보면서 글을 쓰려고 하는 일이 많아진다. 그런 점에서 글만 쓰는 경우 큰 화면이 오히려 방해가 된다. 다만 작은 화면에서 더 집중하게 되는 경우는 어디까지나 글을 써나갈 때이고, 퇴고할 때는 왠지 모르게 작은 화면보다는 큰 화면을 더 선호하게 된다. 반복되는 퇴고 작업은 글을 읽고 싶은 마음을 앗아가는데, 작은 화면으로 작업하자니 더 보기 싫어지기 때문이다.

최근에는 태블릿에서 구글 문서를 이용하여 간단하게 글을 쓰는 경우도 있다. 아이디어가 떠올랐는데 컴퓨터가 있는 곳까지 가기에 상황이 적절하지 않을 때는 태블릿이나 휴대전화를 이용하여 간단한 글을 쓸 수도 있다.

그러나 사진을 편집하거나 사진을 찾는 작업이 필요할 때는 태블릿이나 작은 노트북 화면으로는 번거롭다. 그래서 노트북에 외부 모니터를 연결하거나 데스크탑에서 작업을 한다. 이럴 때는 21대9 비율의 모니터나 32인치 이상의 4K 해상도 모니터를 활용하여, 한쪽에는 한글 작업창을 켜 두고 다른 한쪽에 사진 편집을 위한 프로그램, 사진 탐색 프로그램, 파일탐색기를 옮겨두고 작업을 한다.

하지만 나에게는 화면 크기보다 키보드 배열이 더 와닿는 문제였다. 글을 쓸 때 홈 버튼과 엔드 버튼을 자주 활용하는 편이다. 이때 펑션키 (Fn)와 방향키를 이용하여 홈, 엔드 버튼을 사용할 수 있는 경우에는 편하지만, 홈이나 엔드 버튼이 상단이나 측면에 위치한 노트북 자판은 불편하기 그지없다. 열심히 쓰다가 홈 버튼과 엔드 버튼을 찾아 상단이나 측면까지 가서 누르자니 차라리 마우스로 손이 가고 만다.

내 경우를 예로 들어 적었지만, 이런 점들은 사람에 따라 다르다. 당장 키 배열만 하더라도 나는 홈, 엔드 버튼의 위치에 민감하지만, 텐키(우측 숫자키)는 별로 사용하지 않는다. 처음 컴퓨터를 접할 때부터 숫자는 상단에 있는 키를 주로 사용하기도 했고, 내 작업 특성상 숫자를 그렇게나 자주 입력하지 않는다. 텐키가 꼭 필요한 사람들은 별도의 키보드를 사용하거나, 크기가 커서 텐키까지 있는 노트북을 사용하는 것이 편할 것이다. 노트북 화면이 커지고 키보드 우측에 텐키까지 들어가 있는 경우, 사용하지도 않는 텐키 때문에 다른 키들의 간격이 좁아지거나 배열이 익숙하지 않게 변해서 나는 오히려 불편하다. 이런 점은 텐키를 중요하게 생각하는 사람들과는 다른 부분이다. 또 사진 편집을 하면서 문서 작업을 하는 데에 반드시 큰 모니터가 필요하지 않는 사람들도 있을 것이다. 자신에게 맞는 도구를 선택해서 활용하는 것이 좋다.

다만 장비가 과도하게 많든, 그렇지 않든, 오래 두고 글쓰기에 꾸준히 사용하며 애착을 가질 만한 물건을 하나 정하면 어떨까? 첫 책을 쓸 때 주로 사용했던 노트북이 하나 있다. 지금은 구형이 되어 사진이 많이 들어간 문서 작업에는 사용하기 어렵지만, 애착이 가는 물건이라 선뜻 처분하지 못하고 있다. 이제는 다른 노트북을 주로 쓰지만, 가벼운 작업에는 가끔 활용하기도 한다. 처음에는 크게 신경 쓰지 않고 사용하더라도 그 기간이 오래되면 단순한 소모품 이상의 가치를 느끼기도 한다.

이처럼 글쓰기 작업에 두고두고 사용할 한두 가지 도구를 정하는 것도 좋을 것 같다. 그리고 그 도구로 자신 글을 꾸준히 써나가는 것이다. 애착이 가는 도구와 함께하라면 글 쓰는 일도 더 즐겁지 않을까?

03

먼저 형식을 정하여 써라

목차가 정해졌다. 그리고 글을 쓰고자 하는 자신만의 환경도 갖추었다. 이제 샘솟은 아이디어를 글로 바꾸어 얼른 써 내려가고 싶다. 대개 배경이나 필요성 등을 다루는 1장까지는 수월하게 썼다. 그런데 실질적인 내용을 다루는 2장이나 3장에 이르러서는 고민거리가 생긴다. '그동안 수업한 내용을 책으로 정리할 때 어떤 형식으로 정리하면 좋을까' 하는 부분이다.

크게 보면, 목차를 정할 때 큰 틀은 정했다고 볼 수 있다. 이제는 목차에 따라 세분화한 각 장이나 절 등을 어떤 내용과 형식으로 구성할지 정한다.

『교사교육과정, 수업 전략을 만나다』에서 '4부 교사교육과정, 수업 전략을 만나다'를 작성할 때, 선뜻 앞으로 나아가지 못하던 기간이 길었다. 교육과정을 재구성하고 이를 어떻게 정리하느냐에 대한 형식을 정해야 하는 상황이었다. 재료는 이미 충분했다. 3년간 수업한 내용이 있고 사진 등의 기록이 있었기 때문이다. 그런데 형식을 정하기 전까지는 좀처럼 실전편을 쓰지 못하고 있었다. 이 기간이 며칠이 아니라 몇 개월 단위가 되었다. 물론 개인적인 일이나 학교 일 등으로 책 쓰기를 중단하고 있던 기간도 있었기 때문에 형식에 대한 고민이 유일한 이유는 아니었다. 그렇지만 형식이 정해졌다면 글쓰기를 멈추지 않았을지도 모른다. 적어도 작업을 멈춘 기간이 그리 길지 않았을 것이다. 실제로도 형식을 확정하고 나서는 시작이 그리 어렵지 않았다.

그리고 평소에 수업을 글의 형태로 기록하고 있었다면 또 달랐을 것이다. 『교사교육과정, 수업전략을 만나다』를 쓸 때 평소 글로 기록한 것을 책으로 정리했다기보다는, 3년간의 수업 장면 사진이나 활동지 스캔 파일 등을 이용하여, 뒤늦게 글로 정리하였다. 수업이 진행되던 때가 아니라 수업이 종결된 후에 본격적으로 책을 쓰기 시작한 것이다. 미리 글로써 수업을 기록했더라면 형식을 고민하느라 작업을 긴 기간 동안 멈추는 일도 없었을 것이다.

다만 여기서 형식을 정한다는 것은, 3장 '02 일상의 수업을 기록하라'에서 형식에 대해 고민하느라 좀처럼 수업을 기록하지 못하니, 어떤 방식으로든 기록하는 것 자체가 중요하다고 했던 것과는 다른 이야기다. 3장에서는 어떻게든 수업을 기록하는 것이 가장 중요함을 강조한 것이다. 형식을 완벽하게 정한 후 수업 기록을 시작할 요량으로, 기록하는 일을 시작하지도 못하는 시간이 길어지는 것은 경계해야 할 일이다. 그에 반해 본격적으로 책을 쓸 때는 자신의 기록에 가장 적절한 형식을 먼저 확정한 후 그간의 기록을 체계적으로 정리할 필요가 있다.

『교사교육과정, 수업전략을 만나다』에서는 교육과정을 재구성하고 실제 수업한 내용을 '여는 이야기', '마인드맵을 통한 재구성 주제망', '교육과정 재구성의 방향 및 의도', '관련 교과 및 성취기준', '재구성 내용', '상세한 수업 이야기'로 구분하여 정리하였다. 더 효과적인 정리 형식도 있겠지만, 하나의 참고가 될 수 있기에 제시한다. 여기서 제시하는 예시는 『교사교육과정, 수업전략을 만나다』를 쓰는 과정에서 작성하였지만, 실제 책이 만들어지는 과정에서 분량상의 문제로 제외했던 내용이다.

06 세계 여러 나라

1. 여는 이야기

기억이 정확한지 모르겠지만 처음 외국인을 실제로 만난 것은 중학교 2학년 때 학교에서 원어민 영어 강사를 채용하여 개인별로 수강료를 내고 영어 회화 수업을 들었을 때다.

지금에야 흔하게 외국인을 길에서 마주치기도 하고 학교만 가도 원어민 강사가 한 명씩 있으며 직접 외국에 나가서 쉽게 외국인을 만나기도 해서 '외국인이구나.' 정도 이상의 큰 호기심이 없을 수도 있겠다. (후략)

2. 교육과정 재구성 주제망

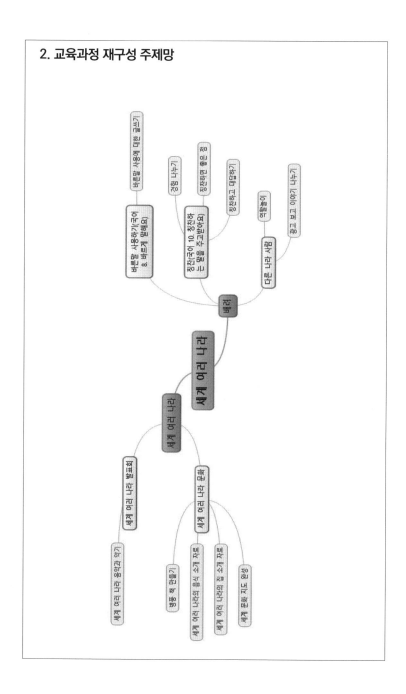

3. 재구성의 방향과 의도

2학기 학교는 부쩍 바쁘다. 과거 연구학교 수가 많던 시절에는 가을 즈음이면 연구학교 보고회에다가 기존에 하던 학예회, 경우에 따라서 가을 운동회까지. 보고회 준비, 학예회 연습, 운동회 연습 등으로 수업은 뒷전이 되기 쉬웠다. 연구학교 수가 줄고 운동회는 주로 봄으로 이동하게 되면서 상황은 많이 나아졌지만, 여전히 2학기는 짧고 특히 가을의 학교는 바쁘기 그지없다. 이에 가을의 대표적인 학교 행사로 남아 있는 학예회를 교육과정 안으로 끌어들였다. 세계 여러 나라의 춤, 놀이, 음악 등에 해당하는 부분을 학예회 공연으로 정하여 교육과정 안에서 익힌 내용을 학예회 공연에서 선보이도록 하는 것을 주된 방향으로 잡았다.(후략)

4. 관련 교과 및 성취기준

교과	단원	성취기준
국어	8. 바르게 말해요	[2국01-06] 바르고 고운 말을 사용하여 말하는 태도를 지닌다. [2국03-02] 자신의 생각을 문장으로 표현한다. [2국[04-02] 소리와 표기가 다를 수 있음을 알고 낱말을 바르게 읽고 쓴다.
	10. 칭찬하는 말을 주고받아요	[2국 03-03] 주변의 사람이나 사물에 대해 짧은 글을 쓴다. [2국01-06] 바르고 고운 말을 사용하여 말하는 태도를 지닌다.

5. 교육과정 재구성

소주제	학습내용

세계
여러
나라
	» 세계 여러 나라 발표회
	   – 발표회 준비
	   – 공연
	» 세계 여러 나라 문화
	   – 세계 여러 나라 문화 병풍책 만들기
	   – 세계 여러 나라의 음식 소개
	   – 세계 여러 나라의 집 소개
	   – 세계 문화 지도 완성하기

배려	» 바른말 사용하기
	   – 바르지 못한 말에 관해 이야기 나누기
	   – 바른말 사용에 대한 글쓰기 방법 알아보기
	   – 바른말 사용에 대한 글쓰기
	» 칭찬하기
	   – 칭찬에 대한 경험 나누기
	   – 칭찬의 좋은 점 알아보기
	   – 칭찬하는 말과 대답하는 말 알아보기
	   – 짝과 서로 칭찬하기
	   – 칭찬 쪽지
	   – 듣고 싶은 칭찬의 말로 서로 칭찬하고 대답하기
	» 다른 나라 사람
	   – 다른 나라 사람을 만났을 때 지켜야 할 일
	   – 다른 나라 사람을 만난 상황 역할놀이
	   – 광고를보고 자신의 생각 표현하기

6. 수업 돋보기

세계 여러 나라

　수업의 방향은 크게 두 방향으로 이루어졌다. 학예회에 맞춰 세계 여러 나라 발표회 준비를 해 나가고 그와 병행하여 세계 여러 나라 문화를 알아본다.

　다른 나라에 대해 학습하는 것은 초등학교 교육과정을 보아도 그렇고 중등 과정을 보아도 반복되는 면이 있다. 다만 학습 시기에 따라 내용의 깊이나 성취에 대한 목표가 다르다. 저학년 시기에는 세계 여러 나라들이 있고 이들의 문화를 인식하고 다양한 방법으로 표현하는 정도가 적절하다고 판단하였다. 수업도 그러한 판단에 따라 구성하였다.

　다른 프로젝트 수업 때와 마찬가지로 학생들은 세계 여러 나라에 관한 그림책을 가져와서 자유롭게 읽고 수업 시간에도 활용하였다. 또한, 교실 앞 전면 책장에는 세계 여러 나라의 집, 음식, 놀이에 관한 그림책을 꽂아두고 자유롭게 읽을 수 있도록 하였다.

■ 세계 여러 나라 발표회

» 발표회 준비

　우선 발표회 준비를 해 나갔다. 우리 반은 (후략)

04

글쓰기를 위한 시간과 공간을 마련하라

처음 책을 쓰기 시작할 때는 그렇게 효율이 높을 수가 없었다. 의욕으로 가득했고 무엇보다 쓰는 일 자체가 재미있었다. 그러나 본격적으로 쓰기 시작하면 어느 순간부터 책 쓰기가 그리 즐거운 일이 아닌 때가 오기도 한다. 이번 챕터에서는 내가 경험한 것을 중심으로 책 쓰기가 일이 되는 순간을 어떻게 경험하고 지나왔는지 이야기하고자 한다.

돌이켜보면 처음에는 막연히 책을 쓰고 싶은 생각만을 갖고 있었다. 그런 생각으로 3년간 2학년 학생들을 가르치며 열심히 연구하고 실천하였다. 하지만 2년이 지나갈 때까지도 수업을 글로 기록하거나 원고를 쓰지는 않았다. '세상에 책이 얼마나 많은데 내 책이 하나 늘어난다고 얼마나 가치가 있을까?', '내 책이 나에게는 의미가 있을 수 있지만 다른 사람에게도 그럴까?' 하는 의구심 때문이었다. 세상에 책이 무수히 많은 만큼 수업에 관한 책도 많고, 그중에는 나에게 잘 맞지 않는 책도 많았다. 그런 만큼 내가 쓴 책이 다른 사람에게 과연 의미가 있을지 의구심이 들기도 했다. 그런 생각과 함께 막 재미를 들이기 시작한 인문학 독서가 수업으로 책 쓰기에 대한 흥미를 앗아갔던지도 모르겠다.

그렇게 2019년 여름방학을 맞이하고 방학이 끝나가던 어느 날 문득 본격적으로 책을 쓰겠다는 마음을 먹고 책 쓰기에 돌입했다. 처음 얼마간은 즐거운 마음으로 글을 썼다. 하지만 내 관심은 이미 수업에 관한 글보다는 좋은 책 읽기, 문학적인 글쓰기로 옮겨간 상태였다. 그러다 보니 책 쓰기가 일이 되었다. 어떤 일이든 가장 좋은 때가 있는 법이다. 내게 수업하며 책 쓰기의 가장 좋았던 때는 어쩌면 지나갔었는지도 모른다고 느꼈다. 하지만 해오던 일을 내버려 두고 새로운 것만을 찾을 수는 없었다. 내게 있어 처음인 『교사교육과정, 수업 전략을 만나다』를 마무리해야 다음으로 나아갈 수 있다고 판단하였다.

일단은 써야 했다. 매일 일정하게는 아니지만 쓰는 것이 중요하다고 여겼다. 그러나 이것이 쉬운 일은 아니었다. 처음에 수업으로 책 쓰기가 즐겁던 시절에는 기꺼이 매일 글을 써나갔다. 책 쓰기에 대해 조언하는 사람들은 매일 일정 시간을 할애하여 글을 쓰거나 매일 10페이지와 같이 일정량을 정해 두고 쓰는 것도 좋은 습관이라고 했다. 나는 그렇게까지는 못하고 하루 중 글 쓰는 시간을 갖는 것만으로도 충분히 만족하였다. 겨우 한 페이지 또는 두 페이지만을 쓰는 날도 뿌듯했다. 또 어떤 날에는 기계적으로 글을 쓰기도 했다. 실전편 각 주제별 도입부에 에세이같은 성격의 글을 쓸 때는, 쓰는 일 자체로 만족스러웠던 반면, 수업 사례를 기록하는 일은 생각보다 즐겁지 않았다. 수업 사례는 아무래도 수업을 한 당일에 기록하는 것이 최선이다. 글이 아니라 칠판 사진과 학생 활동 사진, 활동지를 스캔한 파일 정도로만 수업 기록을 남겼기에 이를 단서로 기억을 더듬어가며 글을 써야 했다. 그 때문에 더욱 책 쓰기가 일과 같이 느껴지고 힘든 면도 없지 않았다.

책 쓰는 시간은 사람마다 리듬이 다르므로 천차만별이겠지만 나는 집으로 돌아온 후 저녁 식사를 하고 책을 읽거나 영화를 보는 등 휴식의 시간을 가진 후 30분에서 1시간 정도 책 쓰기를 하였다. 2020년에는 업무지원팀을 하면서 종일 교무실에 여러 사람과 앉아 있다 보니 쓰고자 하면 쓸 시간은 많았지만, 내 공간이 아닌 교무실에서는 좀처럼 글쓰기를 할 수가 없었다. 가장 좋았던 시간은 아침에 7시 30분 즈음에 일찍 출근하여 아무도 없는 교무실에서 30분 정도 앉아 글을 쓸 수 있는 때였다. 이 시간이 너무 짧아 아쉬웠고 학교 안에서 내 공간과 나만의 시간을 갖지 못하는 것이 매우 안타까웠다.

글쓰기에는 자기만의 시간과 공간이 필요하다. 글 쓰는 작업을 할 공간을 마련하는 것이 좋다. 학교에서 자신의 교실이 가장 좋은 공간이지만 아이들을 만나 수업을 하고 해야 할 일을 처리하고 수업을 준비하다 보면 교실에서 글을 쓸 시간이 그리 많지 않을 수도 있다. 경우에 따라 오후에는 방과후학교 수업에 교실을 내줘야 할 때도 있고, 주변 교실에서 방과후학교 수업에 참여하기 위해 기다리는 아이들로 소란스럽기도 하다. 그래서 나는 주로 집에 돌아온 후에 글쓰기 작업을 하였다. 물론 집에서도 온전히 자신만의 시간과 공간을 갖기 어려울 수도 있다. 소중한 가족이지만 글을 쓸 때는 혼자인 환경이 좋다. 이럴 때는 작업용 방을 하나 정하거나 인근 카페에 노트북을 가져가서 작업하는 것도 좋겠다. 나는 카페 등을 찾아가며 이동하느라 시간을 쓰는 것보다는 집에서 혼자 글을 쓰는 편이 더 나았다. 이런 점은 쓰는 글의 종류에 따라 다르기도 하다. 수업을 기록한다든지, 실용적인 종류의 글을 쓰는 경우에는 내가 쓸 내용을 떠올리는 데에 그리 어려움이 없기에 내 방에서 하는 편이 나았다. 반면 문학적인 성격의 글을 쓰고 싶은 날에는 오전 시간 한적한 카페를 찾아가는 것도 좋았다.

　최근에는 아침에 한 시간 일찍 일어나 책을 읽든지 글을 쓰기도 한다. 요즘에야 느끼는 것이지만 일찍 일어나서 일찍 출근하여 무언가를 하기보다는 집에서 충분히 할 일을 하고 적절한 시간에 출근하는 것이 더 나은 것 같다. 아무래도 출근하면서 이동하고, 학교에 도착해서 가방을 내려놓는다든지 음수대에서 물을 떠 놓는 등의 일을 하다 보면 바로 책 읽기나 글쓰기에 돌입하기가 어려워지기도 한다. 그렇게 몇 분을 보내고 아이들이 한두 명씩 등교하게 되면 좀처럼 글을 쓸 수 없다. 그렇게 생각하면 출근을 일찍 해서 무언가를 하는 것보다는 일찍 일어난 후 내가 자율적으로 사용할 수 있는 새벽 시간을 집에서 이용하는 편이 좋다.

　가끔 한적한 시골집이나 나만의 사무실에서 글을 쓰고 싶다는 생각이 들기도 한다. 그러나 현실적으로 쉽지 않은 일이라 잠시 스치는 소망에 그친다. 그리고 작가들이 글을 쓸 때 집을 떠나 호텔 등을 이용하기도 한다는 이야기를 듣고 나도 노트북과 책 몇 권을 가지고 비즈니스 호텔을 이용한 적이 있었다. 그러나 나는 글 쓰는 사람보다는 여행하는 사람 쪽을 더 열망했던지, 종일 걸으며 관광지 둘러보는 일에 몰두했다.

글을 쓰기에 좋은 시간과 장소는 사람마다 다르다. 자신에게 가장 적절한 시간과 공간이 어느 곳 어느 시간인지 알아보며 글을 쓰는 습관을 형성해 나가는 것이 좋겠다.

사진은 미리 정리하라

내용을 구성해 나가는 방법에는 각자의 스타일이 있을 것이다. 나는 공부를 할 때도 꼼꼼하게 한번 보는 게 아니라 적당한 정도로 여러 번 반복해서 보는 방법을 선호하였다. 책을 쓸 때도 이런 스타일이 적용되는 것 같다.

먼저 글을 쓴다. 이때 사진은 어떤 장면이 필요하다는 것 정도를 적어두고 본문의 글만을 완성하였다. 그런 후 들어갈 사진을 선정하여 넣으면서 페이지 구성 등을 조정하였다. 마지막으로 다시 한번 폰트와 제목 위계 등을 조정하여 초고를 마무리하였다.

이 세 단계가 단번에 끝난 것은 아니다. 사진 용량 줄이기 설정 때문에 원고 파일에 삽입한 사진이 모두 저화질로 변경되어 버리기도 했다. 그 때문에 기껏 해 놓은 작업을 다시 하는 경우가 몇 차례 있었다. 또 컴퓨터 오류로 저장이 안 되거나 내 실수로 작업한 파일을 날린 적도 있었다. 그 때문에 작업을 할 때는 철저하게 세부 설정을 확인하는 것이 중요하고 그것이 어렵다면 전용 노트북 한 대를 사용하는 것이 좋다. 세부 설정을 철저히 확인한다고 해도, 다른 종류의 일을 할 때 설정을 바꿔 놓았다가, 그 사실을 잊어버리는 경우가 종종 있기 때문이다.

수업에 관한 책은 사진을 꽤나 많이 넣어야 하기에 작업을 더할수록 손도 많이 가고 피곤하기 그지없다. 우선 처음 단계에서 적절한 사진을 찾는 것에 상당히 시간도 많이 들고 노력도 많이 든다. 카메라 기종에 따라 다르겠지만 사진은 하나의 폴더에, 생성되는 순서대로 번호가 붙어서 저장되든지, 날짜별로 폴더가 생성되어 저장된다. 전자인 경우 사진 찾기가 그나마 수월하지만, 후자의 경우는 폴더를 이동해 가며 사진을 찾아야 해서 더 수고롭다.

이런 어려운 점 때문에 여러 폴더에 있는 사진을 쉽게 넘겨보고 그 위치를 확인할 수 있는 프로그램을 찾아보았으나 아직 이렇다 할 것을 발견하지 못하였다. 몇 가지 프로그램들을 사용해봤지만, 결국 최적의 프로그램은 찾지 못했고 faststone image viewer나 윈도우 기본 이미지 뷰어를 주로 사용하였다.

작업을 한 순서와 사진 넣기 단계에서의 어려움을 언급했는데, 중요한 것은 평소에 사진을 잘 정리해 두는 일이다. 그리고 가장 좋은 것은 일상의 수업을 그때그때 기록하고 그와 함께 사용한 사진을 정리해 두는 것이다. 그러나 그게 꼭 마음처럼 쉽게 되지 않는다면, 사진이라도 폴더별로 분류하고 제목을 붙여 정리해 두는 것이 좋다. 그것만 해 놓더라도 낭비되는 시간을 많이 줄일 수 있다. 그리고 학생 활동지를 종이로 보관하자면 부피가 너무 커서 대부분 1년이나 반년 단위로 처분하게 된다. 그보다는 교무실이나 학년연구실 복합기를 이용하여 PDF 파일로 스캔하여 보관하는 것이 좋다. 활동지를 하나하나 카메라로 찍어서 남기는 것도 손이 많이 가는 일이고 파일이 많아지면 보관하기도 어려워진다. 이에 비해 PDF 파일로 스캔하여 보관하면 여러 장이 하나의 파일로 통합되기 때문에 보관하기가 쉽다. 그리고 필요할 때는 알PDF나 한PDF뷰어 등을 통하여 그림 파일로 변환하여 활용한다.

퇴고는 여전히 중요하다

퇴고 작업은 참으로 고달프다. 유명 소설가 중 책을 쓸 때 주인공이 너무도 싫어졌다는 글을 본 적이 있다. 나에게도 퇴고는 참 힘든 작업이었다. 짧은 글에 대한 퇴고는 조금씩 나아져 가는 글을 보면서 수월하게 할 수 있지만, 그 분량이 한 권이 되니 문제였다.

초고 작성 과정에서 먼저 글을 쓰고, 다음에 사진을 넣고, 마지막으로 폰트를 조정하는 등의 작업을 여러 차례 반복하면서 일종의 퇴고 작업을 함께 하기도 했다. 그리고 사진 용량 줄이기 설정 때문에 모든 사진이 저화질로 변경되는 사고가 두 차례나 있었다. 그때마다 전체 500개가 넘는 사진을 하나하나 교체하였다. 그런 어려움 끝에 마침내 초고를 완성하고 나니, 퇴고 작업 자체가 하기 싫고 원고를 보기조차 싫어졌다. 초반 절반 정도 퇴고 작업을 하다가 더는 원고를 보기 싫어서, 그대로 퇴고하기를 멈추고 출판사에 투고하기 시작하였다. 그리고 몇 차례 고배를 마시던 끝에 다행히 좋은 인연을 만나 계약을 하게 되었다. 총 10여 곳에 투고하여 두어 군데에서 연락을 받고 계약했으니 첫 책이었지만 출간이 생각보다 수월했다는 생각이다.

퇴고 작업을 충분하다고 생각할 정도까지 못한 것은 애초에 생각한 때보다 초고 완성 시기가 늦어지면서 마음이 급해졌기 때문이다. 약간의 변명을 덧붙이자면 내 책은 수업에 관한 책이고 유독 사진을 많이 활용했기에 사진을 고르는 과정에 상당한 노력이 들어갔다. 원고를 수정하면 사진과 글의 위치와 사진의 크기까지 조정해야 해서 피곤함은 더 커졌던 것 같다.

그렇지만 원고의 완성도를 생각한다면 반복하여 여러 차례 퇴고하는 것이 옳았다. 아마 다른 작가들도 나와 마찬가지로 초고를 완성한 후에 자신이 쓴 글을 다시 보는 일은 힘들 것이다. 스티븐킹은 『유혹하는 글쓰기』에서 한동안 원고를 덮어두고 아무것도 하지 않거나 다른 소설 작업을 하며 한참 시간을 보낸 후에야 다시 원고를 보기 시작한다고 하였다. 같은 글을 반복해서 보며 고쳐 쓰는 작업은 엄청난 경력의 유명 작가에게도 힘든 일이었으리라.

『교사교육과정, 수업전략을 만나다』 원고를 퇴고하면서 절감한 점은, '처음부터 글을 잘 써야 한다'였다. 퇴고는 어디까지나 써놓은 글을 고쳐가는 과정일 뿐이다. 처음 글이 너무나 형편없다면 퇴고 과정에서도 도저히 손을 대기 어렵다. 아예 새로 써야 하는데 그럴 엄두는 나지 않는다. 출판사 투고 전에도 그 같은 생각을 했고 교정을 볼 때는 더 절실히 느꼈다. 그때는 이미 내용을 마음껏 수정할 수 없는 단계인데, 내 글은 여전히 불만족스러우니 '처음부터 좋은 글을 써야 한다'는 것을 다시 한번 절감한 것은 당연한 일이었다. 실제 프로젝트 사례를 제시하였던, '4부 교사교육과정, 수업전략을 만나다' 부분을 퇴고할 때 주로 이런 생각을 했는데, 이미 쓴 글의 방향이나 서술 방식 자체가 마음에 들지 않았기에, 새로 쓰는 것 외에 퇴고로는 한계가 있었음이 분명하다.

물론 '처음부터 글을 잘 쓰겠다'고 마음먹는 것만으로 글이 잘 써지는 것은 아니다. 반복되는 이야기지만 가장 좋은 것은, 책을 쓰겠다는 생각과 별개로 평소에 수업을 기록하는 한편, 꾸준히 정성 들여 글을 쓰는 습관을 갖는 것이다. 글은 시간을 두고 여유 있게 써야 한다. 책을 쓰겠다고 짧은 시간에 꾸역꾸역 써서는 좋은 글이 되기 어렵다.

하지만 처음부터 좋은 글을 쓴다고 하여도 퇴고의 중요성은 조금도 줄어들지 않는다. 오히려 중요성이 더 커진다고 할 수 있다. 퇴고로는 전혀 나아질 기미가 보이지 않고, 오로지 새로 쓰는 것밖에 도리가 없는 글이라면 퇴고의 중요성도 떨어진다고 할 수 있다. 그에 비해 아무리 좋은 글이라 할지라도 퇴고를 통해 더 나아질 가능성은 충분히 있다. 그런 점에서 원래의 글이 좋은 글이라고 하더라도 퇴고의 중요성은 조금도 줄어들지 않는다.

제5장

이제는 출간이다

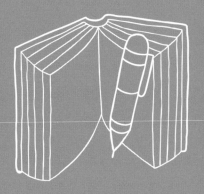

01

|출간기획서|
원고의 강점을 충분히 어필하라

초고가 완성되었고 어느 정도 퇴고 작업이 마무리되면 이제 출판사에 투고하게 된다. 사람의 성향에 따라 다르겠지만 어떤 사람은 자신의 원고 정도라면 보는 순간 계약하고자 하는 마음이 샘솟을 거라고 생각할지도 모른다. 그리고 어떤 사람은 '과연 이것이 책이 될 수 있을까' 하는 생각을 가질지 모른다. 후자의 마음가짐이라면 아직 원고를 더 수정할 여지가 있을지 모르겠지만, 마음가짐이 반드시 객관적인 기준은 아니다. 이전 챕터에서 이야기한 것처럼 스스로 만족할 만큼 퇴고 작업을 더 하는 것이 좋다. '자신이 만족하지 않은 원고라면 독자가 만족할 수 있을까?' 하는 생각도 든다. 또 현 상태로 독자가 만족할 수도 있지만, 더 갈고 다듬으면 더 좋은 책이 될 수 있다.

하지만 사람 마음이란 게 그렇지 않다. 그래서 나도 결국 더는 원고를 보고 싶지 않다는 생각이 들었을 때 투고를 시작했다. 처음에는 투고를 하면서 답을 기다리는 한편 원고도 꾸준히 가다듬을 생각이었다. 하지만 원고 작성으로 미뤄뒀던 일, 이를테면 책도 읽고, 영화도 보고 싶었다. 또 학교 일까지 대목을 맞이하기도 하여 원고 고쳐 쓰기가 마음먹은 대로 되지 않았다.

책을 쓰는 과정에서도 그렇지만 투고를 할 때도 철저하게 읽는 사람을 생각하며 진행해야 한다. 적게 잡아 200페이지 가량의 원고를 다른 사람이 다 읽어줄 것이라고 기대하기는 어렵다. 이것은 평소 업무를 할 때 공문과 첨부문서를 보거나, 메신저로 날아오는 첨부파일을 생각하면 이해가 쉽다. 이런 것들을 모두 열어서 꼼꼼하게 정독할 사람이 그리 많지 않을 것이다. 나 역시 중요할 것 같거나 당장 급한 것, 흥미가 가는 것은 바로 읽는다. 이 경우에도 정독이라기보다는 중요한 부분만 골라 읽는다. 중요하지만 조금 미뤄도 될 것 같은 것들은 읽지 않고 파일로 저장만 해둔다. 그러다가 급히 읽거나 놓치는 경우도 있지만, 평소에 모든 문서를 열어볼 수는 없는 일이다. 그리고 아예 관심이 없거나 중요하지 않은 것은 처음부터 열지 않는다.

출판사에서 원고를 검토하는 편집자 입장에서는 상당히 많은 원고를 받을 것이다. 하나만 열어도 몇백 페이지에 달할 텐데 모든 원고를 다 검토하는 것은 불가능하다. 그래서 원고를 요약하여 제시할 필요가 있고 자신의 원고가 갖는 강점을 충분히 어필해야 한다. 그것이 바로 출간기획서다.

📖 출간 기획서 – 교사, (수업하며) 책을 쓰다

다음은 내가 지금 쓰는 이 책에 대해 작성한 출간기획서이다. 출간기획서는 어떤 내용을 담고 있는지, 어떻게 작성하는지에 대한 참고가 될 수 있겠다. 다만 출판사에 따라 출간기획서 양식을 정해 놓은 곳도 있다. 그런 곳에는 그에 맞는 양식으로 작성하는 것이 좋다.

1 제목 : (가제) 교사, (수업하며) 책을 쓰다

2 기획의도(분야 : 교육 인문)

> "한 번쯤 책을 써 보고 싶은 교사들을 위한 친절한 지침서"
>
> "교사의 삶과 글쓰기에 대한 성찰"
>
> "책 쓸 준비하기에서 원고 쓰기, 출간하기까지의 사례 제시"
>
> "에세이, 수업 비평, 수업 기록 등 다양한 실전 글쓰기 사례 제시"

가. 교사, 글쓰기로 행복을 꿈꾸다.

누구나 행복한 삶을 꿈꿉니다. 그러나 행복을 찾는 것은 참으로 어렵습니다. 최근 외부에서 가하는 질타, 상품제공자와 소비자로서의 관계로 흘러가는 사제 관계 등으로, 교사로서의 행복은 나날이 줄어들고 마음속 상처는 늘어만 갑니다. 워라밸(work and life valance)이라는 낱말은 어떤 진리처럼 느껴지기 시작했습니다. 그러나 우리의 시간은 총체적인 하나의 삶이지, 일의 시간과 여가 시간을 분리하여 생각할 수는 없습니다. 하루 중 절반을 차지하는 '일하는 시간'을 그저 견뎌내야 하는 시간으로 치부할 수는 없습니다. 교사로서 '가르치는 일'에 교사 자신이 성장한다는 의미를 부여해야 우리는 교사로서 살 수 있습니다.

교사로서의 글쓰기는 행복을 향한 한 가지 방편입니다. 글쓰기를 통해 '일의 시간'에 의미를 부여할 수 있습니다. 글쓰기, 나아가 책 쓰기는 누군가의 꿈이며, 사람들은 자신이 진정 원하는 것이 무엇인지 알기 위하여 꿈을 향해 나아갑니다. 그리고 그 꿈을 이뤘을 때 그것이 자신이 진정 원하던 것인지, 다른 사람의 소망을 자신의 것으로 착각했는지 알 수 있습니다. 전자라면 더 높은 수준의 꿈을 다시 꾸기 시작할 것이고, 후자라면 새로운 꿈을 다시 찾아야 합니다. 비록 후자의 경우라도 이전에 소망하던 것이 진정 자신의 꿈이 아닌 것을 알게 된다는 소득을 얻습니다.

저자는 행복을 꿈꾸는 사람들에게 글쓰기라는 한 가지 방향을 제시합니다. 그리고 자신이 경험한 글쓰기에 대한 압박을 소개하며 자신을 포함한 여러 사람들의 고민을 공감합니다. 또 자신의 이유를 분명히 하는 방법을 통해 그것을 극복하는 마음가짐도 제시합니다.

나. 수업하며 책을 쓰는 구체적인 방법 제시

책을 쓰고 싶다는 소망을 품고 있는 교사들은 많습니다. 그러나 처음 한 권의 책, 그것을 쓰기가 참으로 어렵습니다. 대부분은 그저 소망하기만 하고 실제로 무언가를 하지 않습니다. 그러나 한 번 책을 쓴 사람은 다음 책 쓰기에도 쉽게 착수합니다. 한 권의 책을 쓰는 과정에 대한 온전한 경험이 그만큼 큽니다. 안타깝게도 그 경험은 자신이 온전히 얻어야 하는 것입니다. 다른 사람이 대신할 수는 없지만, 조금 더 쉽게 이룰 수 있도록 도와줄 수는 있습니다. 저자는 자신이 수업을 연구하고 실천하며 책을 쓴 경험을 토대로 실질적으로 도움이 될 만한 방법을 제시합니다.

책 쓰기나 글쓰기에 관한 내용을 다룬 책은 무수히 많습니다. 하지만 교사로서 수업을 하며 책을 쓰는 내용을 다룬 책은 그리 많지 않습니다.

이것이야말로 다른 책들과 구분되는 이 책의 차별점이자 경쟁력입니다. 저자는 책 쓸 준비하기, 원고 쓰기, 출간하기라는 큰 타이틀을 중심으로(실제 목차에서는 다른 표현으로 제시하였습니다.) 저자 자신이 책을 쓰며 경험한 생생한 조언을 건넵니다.

다. 다양한 실제 글쓰기 사례 제시

글을 쓰고 책을 쓰고자 하는데 막상 시작하지 못하는 사람들이 많습니다. 어떤 글을 어떻게 써야 할지 모르기 때문입니다. 그래서 자신의 원하는 것과 유사한 책을 참고하기도 합니다.

이 책에는 교사로서 쓸 수 있는 다양한 글쓰기 사례를 제시합니다. 저자가 평소에 썼던 교단일기, 수업이나 생활교육을 포함하여 교육 영역의 다양한 연구기록, 학급 비전에 관한 해설, 학급 비전과 그에 따른 교사교육과정 작성 사례, 수업을 연구하기 위해 작성한 수업비평문과 그에 대한 저자의 생각을 기록한 글, 학급 소식지를 발간하며 작성한 글 등을 통해 독자들은 자신이 쓸 수 있는 글의 종류를 탐색해보고 마침내는 자신만의 글을 쓸 수 있게 됩니다.

라. 예상 독자층 : 초등교사, 중등교사, 교육전문직 등 책을 쓰고자 하는 사람

교사로서 혹은 교육에 몸담았던 사람으로서 책을 쓰고자 하는 모든 이들이 참고할 수 있을 만한 책입니다. 그리고 책을 쓰려는 소망을 갖지 않던 사람들도 이 책을 통해 순수하게 글쓰기 자체에 대해 관심을 갖고 자신의 행복을 위한 길로써, 글을 쓰는 데 필요한 영감을 얻을 수 있을 것입니다.

시중에는 책 쓰기에 관해 정말로 많은 책이 나와 있습니다. 작법서도 많고 출간 과정을 알려주는 책도 많습니다. 그러나 교사로서 책을 쓰는 일에 대해 다루는 책은 그리 많지 않습니다. 이것이야말로 이 책이 가질 수 있는 경쟁력입니다.

3 원고의 차례

4 홍보계획

가. 교사 연구회

16년 동안 아이함께연구회(구. 경남협동학습연구회) 회원으로 활동하면서 100여 명의 회원들과 교류하면서 연구 결과를 공유하는 활동을 하고 있습니다. 우리 연구회 선생님들은 『내일 수업 어떻게 하지?』, 『초등인문학수업』, 『수업 고민, 비우고 담다』, 『허남수의 초등수업』, 『교사교육과정, 수업전략을 만나다』 등의 책을 출간한 바 있습니다. 연구회 선생님들 중 많은 이들이 자신의 책을 쓰고자 하는 열망을 갖고 있기에 교사로서의 책 쓰기에 관한 본 책이 출간된다면 그들을 포함한 많은 사람들이 관심을 가질 것입니다.

나. 블로그

저자가 운영하는 블로그를 통해 책 내용을 홍보할 수 있을 것입니다. 많이 알려진 블로그는 아니지만, 저자는 자신의 수업을 책 한 권으로 이미 펴냈을 만큼의 사례를 가지고 있습니다. 마음만 먹는다면 언제든지 게시물을 작성하여 블로그를 활성화할 수 있을 것입니다. 최근에는 서평단 활동 등을 통해 교육에 관한 여러 책을 읽고 서평을 쓰고 있습니다.

|자기소개|
자신을 만들어가는 노력도 필요하다

자존감은 어떤 경우에 높아질까? 무언가를 잘할 때, 무언가에서 성취를 이루었을 때 등 몇 가지 외부 요인이 있을 것이다. 그렇지만 중요한 것은 내부 요인인지도 모른다. 살아가면서 몇 가지를 이루지만, 기분이 좋은 상태가 그 당시 며칠을 넘기지 못하는 사람도 많다. 외부 요인의 경우 당시에는 큰 만족감을 주지만 점차 그것이 익숙해지고 새로운 자극이 다가오지 않는 이상은 그 힘을 발휘하기 어렵다. 반면 내부 요인은 외부의 원인과 직접적인 연관이 적기에 지속적일 가능성이 크다.

그런데 자존감을 좌우하는 것은 유전적인 요인이 대부분이라는 점은 우리를 더 우울하게 만든다. 아무리 노력해도 타고나지 않으면 높은 자존감을 갖기 힘든지도 모른다.

그럼에도 원고를 완성한 예비 작가들의 자존감은 꽤나 높아졌을 것이다. 적어도 원고를 완성해 가는 과정이라든지, 초고를 출판사에 보내기 시작하는 시점엔 꽤나 자존감이 높은 상태일 것이다. 내 경우, 원고를 쓰기 시작한 때는 순수하게 즐거웠고 절반 정도 작성해 갈 즈음부터는 꽤나 자존감이 높아졌다. 하지만 원고 작성을 완료했을 때는 또 자존감에 영향을 미칠 커다란 외부 요인이 생겼다. 출판사에 투고하고 계약 성사가 되느냐인데 지속적으로 원고를 보내는데 계속하여 거절당한다면 자존감이 낮아질 수밖에 없다.

『교사교육과정, 수업전략을 만나다』원고를 보내던 때의 이야기를 조금 더 하자면, 처음에 원고를 보낸 출판사에서는 1주일간의 검토 기간이 필요하다는 연락이 왔고 메일의 내용도 상당히 진심을 담고 있었다. 그러나 1주일 후 코로나19 상황으로 인해 대면 수업에 관한 책은 어려울 것 같다는 답을 받았다. 그렇지만 책의 몇 가지 내용을 언급하며 감동이었다는 말을 꽤나 덧붙인 성의 있는 거절의 메일이었다. 이후 거듭하여 몇 군데 출판사에 투고했지만, 처음 받은 메일 만큼의 성의 있는 거절은 받지 못하였다. 이 정도 성의 있는 응대를 받았으니 내 원고에 대한 만족과 자존감이 높았다. 다음 투고한 곳에서는 출판이 가능하겠는데, 분량이 너무 많아서 줄이는 것을 포함한 몇 가지 요청 사항이 충족되어야 한다고 했다. 이때까지만 해도 자존감이 상당했고 이미 작성한 원고에 대한 애착도 있었기에 분량을 줄여서, 기껏 작성한 수업 사례를 버리고 싶지 않았다. 그래서 며칠 고민했지만, 결국 요청 사항을 수용하기로 하고 원고를 수정하여 보냈다. 그런데 수정한 정도가 출판사 담당자에게 만족스럽지 않았는지 답이 오지 않았다. 혹

시나 해서 한두 달 가량을 기다린 후 다른 출판사에 투고를 시작했다.

당시는 학교 일도 바쁜 시기라 원고도 진전시키지 않은 시간이었다. 그런 시간을 보내며 '올해 안에 과연 책을 낼 수 있을까' 하는 의구심과 함께 자존감이 낮아지기 시작했다. 이전부터 자존감이 많이 낮아진 상태이긴 했다. 내 자존감의 원천은 수업과 그 실천에 있었을지 모르는데 한참 원고를 작성하던 기간에는 업무지원팀을 맡아 체육 수업만을 하였다. 종일 교무실에 앉아서 모니터를 바라보는 일이 많았다. 원하던 수업 실천을 못하고 업무에만 몰두하니 자존감이 낮아지는 것은 당연했다. 그 '원하는 일'이 어쩌면 내 자존감의 원천인지도 모르니 더 그랬을 것이다.

내 이야기를 소개한 이유는 자기소개 글 작성에 관한 이야기를 시작하기 위해서다. 예비 작가들의 자존감은 꽤나 높을 것이라고 초반에 언급하였다. 그런데 출판사 입장에서 메일로 오는 원고가 상당히 많다. 그 많은 원고 중에 유독 어느 하나가 돋보이는 것은 쉬운 일이 아니다. 편집자가 원고를 자세히 검토할 시간도 없기에, 출간기획서와 자기소개 글이 중요할 수밖에 없다. 원고가 아무리 좋다고 해도 장점을 제대로 드러내지 못하면 빛을 발하지 못한다.

서점에 나가보면 유명 연예인이 쓴 책이 많이 보인다. 그들이 글을 잘 쓸 수도 있으나 유명인의 책 출간이 쉽게 되는 것은 작가가 유명인인 것이 크다. 그 이름 하나만으로도 많은 판매고를 올릴 수 있기에 출판이 쉽다. 이것은 당연한 일이다. 출판사 입장에서는 책을 만들어서 많이 파는 것이 목적이기 때문이다. 물론 유명인이라고 하여 모두 그 이름에만 기대는 것도 아니며 상당히 좋은 책을 쓸 수 있다. 다만 유명하다는 점은 책을 내고자 할 때 그만큼 유리한 점이 있다.

그런데 대부분의 예비 작가들은 유명인이 아닌 경우가 많다. 자신의 강점을 드러낼 수 있는 소개 자료 작성이 중요해진다. 그러나 책상에 앉아 자기소개 자료를 작성하려고 해도 좀처럼 쓸 말이 없다. 어떤 일을 하고 있고, 어느 학교를 다녔다는 등의 일반적 내용 외에 독자들이 흥미를 갖게 하는 특이한 점이 떠오르지 않는다. 내 경우에도 외부 활동을 그리 즐기지 않아 자기소개 자료에 넣을 내용이랄 게 별로 없었다. 그래서 2년 차부터 꾸준히 활동했던 연구회 활동 경험을 소개하였다. 이게 나만의 실적은 아니기에 크게 도움이 되지는 않을지 모르지만, 전혀 내용이 없는 것보다는 낫지 않겠냐는 판단이었다. 다행히 좋은 인연을 만났다. 하지만 내 이름 아래 추가할 내용이 충분히 대외적으로 자랑할 만한 것이었다면 쉽게 출판사와 계약할 수 있었을 것이다.

따라서 평소에 다양한 활동을 하고 이를 다른 사람들에게 보여주는 것이 중요하다고 할 수 있겠다. 자신의 수업 기록을 블로그에 꾸준히 남긴다든지, 유튜브 채널을 운영하는 것이 가장 쉽게 떠올릴 만한 방법이다. 물론 나는 이런 일에 그리 적극적이지 않다. 하지만 블로그나 유튜브 채널 운영하는 것 등이 출판 계약에 도움이 되는 것은 사실이다. 그런 점에서 자신의 원고가 책으로 나오도록 하기 위해서는 평소 자신을 만들어가는 노력도 필요하다.

다만 우리에게 가장 중요한 것은 좋은 책을 쓰는 것이다. 계약이 쉽게 되고 책이 잘 팔리는 것도 좋긴 하지만, 우선순위는 역시 스스로 만족할 만한 책을 쓰는 일이다. 그것이 첫째고 그 외의 것은 이후에 생각할 일이다. 사실 나로서는 무언가 부풀리는 듯이 자기소개 글을 작성하고 싶지 않다. 처음 책을 낼 때도 자기소개 글은 담백하고 간단하게 작성하고 싶었다. 그러나 책을 낸다는 것은 나 혼자만의 일이 아니라 출판사와 함께 하는 것이니만큼 내 생각대로 되지는 않았다.

다음은 이 책의 원고를 출판사에 투고하는 과정에서 내가 작성한 자기소개 글이다. 사실 『교사교육과정, 수업전략을 만나다』라는 책을 이미 썼다는 점 외에는, 출판사 입장에서는 아주 매력적인 자기소개 글이 아닌지 모른다. 사실 자기소개란 것이 자신을 소개하는 것이기에 다른 사람의 소개 글이 아주 큰 도움이 되기는 어렵다. 형식 정도만을 참고하길 바란다.

경남에서 17년째 초등교사로 근무하고 있습니다. 또 16년째 아이함께연구회에서 활동 중입니다. 16년의 연구회 활동에서 내가 느낀 점은 움베르토 에코의 '장미의 이름'에 나왔던 '거인의 무등을 탄 난쟁이'와 같은 신세가 아닌가 하는 점이었습니다. 처음에는 이것이 연구회 활동에 더 열심히 참여하게 하는 원동력이기도 하였습니다. '내가 연구회 소속이 아니라면 어디서 이렇게 인정받겠는가?'라고 생각하였던 것이지요.

하지만 긴 시간 동안 연구회 활동을 하면서 '다른 사람이 만든 것이 아닌 내 것을 가지고 싶다'는 생각을 하게 되었습니다. 그리하여 연구하고 정리한 것이 『교사교육과정, 수업전략을 만나다』입니다. 그리고 그때의 경험을 토대로 이 책의 원고를 작성하였습니다.

교사 생활에서 보람을 느낄 일은 수업을 하고, 책을 읽고, 자신의 생각을 글로 쓰는 일이라 여깁니다. 유려한 문장을 읽는 기쁨, 그리고 쓰는 즐거움에 빠져 지내고 있습니다.

|투고|
출판사를 충분히 알아보고 투고하라

원고가 완성되고 출간기획서와 자기소개 자료 작성이 완료되면 출판사에 투고하고 답을 기다리는 과정만이 남았다. 이제 내가 하는 일은 일단락되었고 결과를 기다리면 된다는 측면에서 홀가분하기도 하다. 그러나 거절 메일을 몇 차례 받으면 의기소침해지고 조급한 마음도 든다. 일반적인 원고라면 조금 덜할지도 모르겠지만 수업에 관한 책은 시간이 지나면 혹여라도 '출간하기에 너무 늦어지는 것이 아닐까' 하는 걱정도 생긴다. 아무래도 수업에 관한 트렌드가 생각보다 자주 바뀌는 측면도 있고 내가 실천한 독창적인 수업 아이디어를 시간이 지남에 따라 누군가 실천해서 책을 내는 것이 아닐까 하는 불안도 생긴다.

물론 특정 수업기술이나 이론이 유행처럼 휩쓸다가 어느 순간 낡은 것이 되고 이후 다른 것이 그 자리를 대체하는 세태는 그리 바람직하지만은 않다. 세상에 변하지 않고 항상 한결같은 것은 그리 많지 않겠지만, 지금과 같은 속도에서는 어느 것 하나도 깊이 음미하고 탐구할 여유가 없다. 긴 시간 깊이 있게 연구한 결과 만들어진 수업기술은 힘이 세다. 그것이야말로 이상적인 수업기술이 아닐까?

그렇지만 이상이 하루아침에 이뤄진다면 이상적인 길이라고 이름 붙일 것도 없을 것이다. 쉽사리 변하지 않는 근본적인 어떤 것을 단번에 만들어 내기는 어렵고 어떤 면에서는 기약 없는 길일 수도 있다. 결국 우리의 수업과 그 결과물은 이상과 현실 사이의 어떤 지점에 있을 것이고 현실을 발판 삼아야 하기에 투고 후 시간이 지남에 따른 걱정은 이해할 만하다.

출판사 투고는 주로 이메일로 하게 된다. 책의 앞부분이나 뒷부분에 해당 출판사에 투고를 원하는 경우 보낼 이메일 주소를 적어두므로 이를 통해 투고를 하게 된다. 다만 그 책이 나온 시기에 따라 투고를 받는 이메일 주소가 달라진 경우가 있다. 정성껏 이메일을 작성하여 원고를 보냈지만 좀처럼 답이 오지 않거나 메일 확인조차 되지 않는 경우가 생길 수 있다. 그래서 출판사 홈페이지, SNS 등을 다시 한번 살펴보는 것이 좋다. 출판사 홈페이지 메뉴를 통해서도 투고가 이루어지는데, 출간기획서에 들어갈 내용을 입력 항목으로 만들고 원고 파일도 첨부하는 형태로 되어 있다.

어떤 출판사에 투고할 것인지는 자신의 원고 성격에 좌우된다. 수업에 관한 책이므로 수업에 관한 책을 주로 출간하는 출판사를 택하는 것이 무난하다. 『교사교육과정, 수업전략을 만나다』를 출간하려던 당시에도 수업에 관한 책들을 펴보고 거기서 이메일을 메모하여 투고했다. 하지만 어느 날에는 교육에 관한 책 뒤쪽에 적힌 출판사 이메일로 메일을 보냈는데, 알고 보니 주로 기독교 서적을 출간하는 출판사였다. 분명 내가 본 책은 기독교 색이 약간은 있었지만, 교육에 관한 책인 것 같았다. 그런데 뒤늦게 출판사 홈페이지에 들어갔더니 대부분의 책이 기독교에 관한 것이었다. 그럼에도 5주 가량의 검토 기간을 갖고 비록 거절의 답장이었지만, 정성 들여 쓴 답 메일을 보내준 것에 지금도 감사하는 마음이다.

그즈음 좋은 인연으로 이미 출판 계약이 정해졌던 상황이기에 웃으며 이야기할 수 있지만, 내 원고 방향과 맞지 않는 출판사에 원고를 보내놓고 5주를 기다리는 것은 그리 좋은 상황은 아니다. 비슷한 시기에 여러 곳으로 투고 메일을 보내지 않는 나로서는 더욱 그러하다. 그래서 출판사에 투고할 때 잘 아는 출판사가 아니라면 책 한 권만 보고 원고를 보낼 것이 아니라 출판사 홈페이지 등을 통해 자세히 살펴보는 과정이 필요하다.

은은하게 빛나는 작은 별 하나

이 책을 쓰던 시기는 『교사교육과정, 수업전략을 만나다』의 출판 계약과 제작 시기와 많이 겹친다. 첫 책 초고를 완성하여 출판사 투고를 시작한 직후 주말에 이 책의 원고를 쓰기 시작했다. 책을 쓴 과정을 소개하는 것이기에 전체적인 체계를 구성하는 일은 금방이었다. 다소 거칠긴 했지만, 책 쓰기 과정을 설명하는 글은 주로 이때 원형을 작성하였다.

그리고 실전 글쓰기는 이미 출간 진행 중인 책의 글이 아닌 새로운 글을 마련해야 했기에 천천히 시간을 갖고 각각 개별적인 글을 써나갔다. 당시엔 이 책보다는, 출간 진행 중이던 『교사교육과정, 수업전략을 만나다』가 우선이었기에 그리 서둘러 작업하지는 않았다. 쓰다가 중단한 시간도 길었고, '3장 교사, 수업하며 글을 쓰다'에 쓴 글 중 일부 주제는 방학이 되기를 기다려, 관련 서적을 살펴보면서 신중하게 연구해가며 쓰기도 했다.

3장에 들어간 글 중 에세이 글은 이전에 적어놓았던 것도 있고, 새로 쓴 것도 있다. 교육과정 재구성이나 수업 비평 등에 대해서는 방학 기간에 별도로 공부를 해가며 작성하였다. 내가 평소에 하던 교육과정 재구성 방식이나 비평문 쓰기가 적절한지에 대한 검증이 필요했기 때문이다. 책을 쓰겠다는 생각과 별도로, 수업 기록 및 글쓰기 그 자체의 의미와 재미를 생각하여 시작한 2021년 수업 기록, 학급 소식지 '계간 우리반', 우리 반 시집 '우리 속의 이야기' 등도 일부는 이 책의 재료가 되었다. 그리고 학교 업무상 필요에 따라 생활교육에 대해 정리한 글도 이 책의 재료가 되었다. 그 면면을 살펴보면 꽤나 공을 들여 쓴 글이 눈에 띄기도 한다. 또 어떤 글은 여기에 수록한다는 뚜렷한 목적을 가지고 쓰기도 했다.

나는 좋은 글이란 무언가를 한다는 뚜렷한 목적 없이 그저 쓰고 싶어서 썼을 때 탄생한다고 생각한다. 그런 글은 거칠고 서툰 표현으로 가득하다고 할지라도 쓴 사람에게 의미가 있다. 물론 이런 기준은 그 글을 모아 책으로 엮는다고 했을 때는 그리 좋은 잣대가 되지 못할 수도 있다. 그렇지만 근본적인 정신은 책을 쓰는 것이 아니라 글을 쓰는 것에 있지 않을까? 글이 책이 된다는 것은 그 이후의 일이다. 어쩌면 그것은 억지로 할 일이 아닌지도 모른다. 결국 책을 쓰는 것보다 더 근본적인 것은 글쓰기를 즐기는 것이고, 좋은 글을 쓰는 일이다. 그런 글쓰기를 통하여 내 삶의 한 조각이 되는 글을 쓰고자 한다.

밤하늘에 빛나는 수많은 별 속에서 은은하게 빛나는 작은 별 하나, 많은 사람들 속에서 나로서 존재하는 한 사람.

올해 인디스쿨 교단일기클럽과 탐구클럽에 참여하고 그 결과물을 인쇄할 때, 작가 소개를 위해 작성한 것이다. 어찌 보면 유치하기 그지 없는 문장이지만, 나름의 의미를 담았다. 나에게 글 쓰는 일은 밤하늘에 빛나는 수많은 별 중에서 내 몫의 작은 별 하나를 밝히는 일이며, 많은 사람들 속에서 나로서 존재하는 한 사람이 되기 위한 길이다. 함께 빛나는 많은 별은 때로는 동료 교사이기도 하고 때로는 내가 만나는 아이들이기도 하며, 가족이기도 하다. 그 같은 반짝임과 곁에 있어 줌을 통하여 이 책이 나오기까지 도움을 준 많은 이들, 특히 가족들에게 감사의 마음을 전하고 싶다.

마지막으로 밤하늘을 수놓은 수많은 별 중의 하나로, 각자 교실에서 자신만의 빛깔로 아이들을 밝혀 주는 수많은 선생님을 응원하며 이 글을 마무리하고자 한다.